월급쟁이들은
경매가
답이다

월급쟁이들은

경매가
답이다

초판 1쇄 인쇄 | 2017년 11월 17일
초판 1쇄 발행 | 2017년 11월 24일

지은이 | 박갑현
펴낸이 | 박영욱
펴낸곳 | 북오션

편 집 | 허현자 · 김상진
마케팅 | 최석진
디자인 | 서정희 · 민영선

주 소 | 서울시 마포구 월드컵로 14길 62
이메일 | bookrose@naver.com
네이버포스트 | m.post.naver.com('북오션' 검색)
전 화 | 편집문의: 02-325-9172   영업문의: 02-322-6709
팩 스 | 02-3143-3964

출판신고번호 | 제313-2007-000197호

ISBN 978-89-6799-340-5 (03320)

이 도서의 국립중앙도서관 출판예정도서목록(CIP)은 서지정보유통지원시스템
홈페이지(http://seoji.nl.go.kr)와 국가자료공동목록시스템
(http://www.nl.go.kr/kolisnet)에서 이용하실 수 있습니다.
(CIP제어번호: CIP2017027160)

천만 원으로 시작해서 연금처럼 월급받는 투자노하우

월급쟁이들은 경매가 답이다

박갑현 지음

북오션

2017년 기준 한국인의 평균 수명은 82세이며, 2차 베이비부머세대(1968~1974년생)의 100세 기대 수명은 50%를 넘는다고 한다. 수치상 앞으로 2명 중 1명은 100세를 산다는 말이다. 반면 우리나라 근로자의 평균 퇴직연령은 53세. 지난해 국민연금 수급률은 38%이고, 국민연금을 받는 노인들의 월평균 연금액은 36만 원이다.

국민연금공단에 따르면 우리 국민이 노후에 필요하다고 생각하는 부부의 노후생활비는 월 평균 217만8,000원으로 조사됐다.

'100세 시대' 과연 기뻐할 일인가?

"행복은 성적순이 아니다", "돈이 인생의 전부는 아니다"는 학창시절 자주 듣던 말이다. 하지만 막상 사회생활을 시작하면 '성적과 돈'의 위대함(?)을 체감하는 데는 그리 오래 걸리지 않는다. 이상과 현실에는 엄연히 차이가 있다. 누군가 나에게 "왜 돈을 버느냐?"라고 물으면 나의 대답은 한결같다.

"돈으로부터 자유롭기 위해서."

적어도 돈에 휘둘리는 삶은 살고 싶지 않다는 뜻이다. 돈으로부터 해방되기 위해서는 돈이 필요 없는 삶을 살든지 아니면 충분한 돈을 갖고 있든지 둘 중 하나다.

청년실업, 고용불안, 조기은퇴. 집집마다 예외 없이 갖고 있는 고민거리들이다. 이런 와중에 나에게도 월급 외에 일정한 부수입이 있다면 얼마나 좋을까? 한마디로 든든할 것이다.

이 책에서는 노후가 불안한 직장인들의 '든든한 빽 또는 비빌 언덕'을 만드는 방법들을 제시해주고자 한다. 큰돈 없이 비상금으로도 투자할 수 있는 부동산, 알바보다 훨씬 쉬운 임대사업, 펀드보다 수익률 높은 상가 등 직장인 누구나 따라 할 수 있는 방법들이다. 불가능할 것 같지만 부동산 경매로 충분히 가능한 얘기다.

하루하루가 불안한 우리네 직장인들이 퇴직 걱정 없이, 자식 눈치 보지 않고 행복한 100세를 설계하는 그런 세상이 되길 바란다.

끝으로 묵묵히 믿고 지원해주신 박영욱 대표님, 김상진 편집자 그 외 이 책이 나오기까지 애써주신 출판사 북오션 여러분께 감사의 뜻을 전한다.

목차

chapter 05 현장에서 통하는 실전경매 : 업무용 부동산 공략하기

chapter 06 현장에서 통하는 실전경매 : 상가 공략하기

우리는 임금상승률이 물가상승률을 따라잡을 수 없는 시대에 살고 있다. 직장 또한 정년과 충분한 퇴직금을 보장해주지 않는다. 만기 때마다 올라가는 집 값(전세와 월세). 현상 유지도 어려운 팍팍한 현실에서 경제적 어려움을 해결할 방법은 정말 없을까? 부동산경매가 답이다. 부동산경매에 과연 어떤 해결책이 있는지 하나씩 풀어가보자.

※ 일러두기(이 책에 실린 '경매용어'에 대하여)
민사집행법 등 관련법이 개정되면서 경매용어가 많이 바뀌었다. 입찰일·매각기일, 낙찰자·최고가 매수인, 낙찰허가결정·매각허가결정, 등기부등본·등기사항전부증명서 등 새롭게 바뀐 용어로 집필하는 것이 원칙이지만 용어에 생소한 독자들과 설명의 편의를 위해 개정 전 익숙한 용어를 혼용해서 집필하였다. 이 점 참고 바란다.

chapter

01

월급쟁이의 꿈을
실현시켜주는 부동산경매

01 월급쟁이일수록 부동산 경매를 해야 하는 이유

내가 사회에 첫 발을 내딛고 가장 부러웠던 사람은 월급을 받아서 자신을 위해 전부 쓰는 사람들이었다. 요즘으로 말하면 욜로족(YOLO: You Only Live Once, 현재 자신의 행복을 가장 중요시하고 소비하는 사람들)을 말한다.

보통 학교를 졸업하고 사회생활을 시작하면 결혼, 내 집 마련, 육아, 부모부양, 노후대비 등 피할 수 없는 부담을 안고 살아가게 된다. 이 부담의 대부분은 돈으로 귀결된다. 물론 예외인 사람도 있다. 이러한 부담을 해결할 수 있을 정도의 재산을 물려받았거나 자신의 뛰어난 능력으로 큰돈을 버는 사람들이다. 하지만 그런 예외에 해당하는 사람은 소수에 불과하다. 어쨌든 사회초년생 시절, 취미로 직장을 다니며 월급은 단지 용돈벌이로 여기는 사람들의 여유가 내심 부러웠다.

누군가 그랬다. "부러우면 지는 거야"라고. 부러워하지 않기 위해서는 내가 부러운 존재가 되어야 한다.

하지만 현실은 어떠한가? 밤늦게까지 야근을 해도 회사에서는 언제 잘릴지도 모르고, 기껏 받는 월급으로는 현상 유지도 어렵다. 게다가 결혼도 해야 하고, 애도 낳아야 하고, 집도 장만해야 하고, 돈 들어갈 곳을 생각하면 눈앞이 캄캄하다.

은행 예금금리 1%대, 물가상승률 3%. 냉엄한 현실 속에서 우리가 과연 살아남을 수 있는 방법은 무엇일까? 월급 아끼고 쪼개서 열심히 적금만 부어도 내 집 마련에 노후가 보장된다면 그 얼마나 좋겠는가? 하지만 현실은 전혀 그렇지 못하다. 월급 이외의 재테크는 피할 수 없는 현실이 된 것이다.

그러면 과연 월급 이외의 재테크 종목으로 무엇이 좋을까? 나는 부동산, 그중에서도 경매를 추천하고자 한다. 물론 나는 부동산 외 다른 재테크 방법을 잘 모른다. 하지만 이것 하나는 자신 있게 얘기할 수 있다. 과거 경험을 돌이켜보더라도 부동산만큼 수익률이 높은 투자상품은 없었고, 부동산만큼 노력이 덜 들어가는 것도 없다. 노력이 적게 들어간다는 말에 좀 의아해하는 사람도 있을 것이다.

주변을 둘러보면 바로 해답을 찾을 수 있다. 유명한 펀드매니저나 사업으로 성공한 사람들의 공통점을 보면 대부분 스펙이 아주 좋거나 엄청난 노력가라는 사실을 알 수 있다. 반면 부동산 부자들은 어떠한가?

평범한 학벌에, 애 키우고 살림하면서 가끔 부동산중개업소에서 커피 마시고 수다 떨면서 매월 몇 백, 몇 천만 원을 벌어들이는 사람을 우리 주위에는 얼마든지 찾아볼 수 있다.

"효자 아들 하나 생긴 겁니다."

내가 자주 쓰는 말이다. 10여 년 전쯤 경매로 샀던 상가를 5,000만 원에 되판 적이 있는데, 그때 매수자에게 했던 말이다. 보증금 500만 원에 월세 70만 원의 아파트 단지 내 상가였는데, 급하게 현금이 필요해서 매각했던 것이다. 상가 매수자는 최근까지도 효자 같은 상가를 자기한테 넘겨줘서 너무 고맙다고 안부를 전해온다. 5,000만 원으로 구입한 상가가 매월 70만 원씩 꼬박꼬박 안겨준다면 예쁘지 않겠는가?

주변 아니 당장 나 자신부터 돌아보자. 부모님이 지금껏 나를 낳고 키우는 데 어느 정도 돈이 들었겠는가? 적어도 5,000만 원보다는 훨씬 많이 들었을 것이다. 그런데 과연 나는 부모님께 매월 70만 원 이상의 용돈을 드리고 있는가? 추측컨대 거의 없을 것이다. 지금도 나는 이 말을 자주 사용한다.

"당신도 부동산으로 효자 아들 하나 만들어보세요."

자, 그러면 내가 굳이 경매를 추천하는 이유는 무엇일까?

첫째, 시간 활용이 용이하다.

아무리 느슨한 직장이라도 매일 꼬박꼬박 출퇴근을 해야 하고 가끔은 야근도 해야 한다. 때문에 규칙적으로 꾸준히 하루 몇 시간씩을 할애하는 '투잡(two job)'은 한계가 있기 마련이다. 간혹 직장생활하면서 투잡으로 가게를 운영하시는 분들 보면 정말 대단하다는 생각이 든다. 한편으론 저 정도의 노력을 경매에 투자한다면 정말 떼돈을 벌겠구나 싶기도 하다. 경매는 틈틈이 남는 시간만 잘 활용해도 충분히 재테크가 가능하다. 예를 들면 출퇴근하는 지하철에서 스마트폰으로 물건 검색하고, 퇴근 후나 휴일에 현장 답사하는 식으로 1년에 1~2건만 하면 되는 것이다. 시간적으로 얼마나 자유로운가?

둘째, 자본금이 적게 든다.

조그만 가게를 하나 열더라도 최소 몇 천만 원은 들기 마련이다. 보증금, 권리금, 인테리어 비용 등 서울 시내에서 창업은 아무리 아끼고 아껴도 최소 몇 천만 원이다. 이뿐만이 아니다. 만약 장사가 잘되지 않으면 보증금을 제외한 돈은 그냥 날리게 된다. 이에 비해 경매는 몇 백만 원만 있어도 가능하다. 예를 들어 요즘 유행하는 역세권의 도심형 생활주택을 시세보다 1,000~2,000만 원 싼 5,000만 원에 낙찰받았다고 하자.

이 경우
매입금액: 5,000만 원
은행대출금액: 4,000만 원(낙찰가의 80%, 연이자 3%)
부대비용: 300만 원(등기비, 이사비 등)

임대조건: 보증금 1,000만 원 /월 40만 원

즉 5,000만 원에서 낙찰받은 후 대출을 이용해 잔금을 치르면 실제 소유권 취득에 필요한 돈은 대출금을 제외한 1,000만 원+부대비용 300만 원(등기비, 이사비 등 대략적인 금액)을 합해 총 1,300만 원이 든다. 하지만 이 집을 다시 보증금 1,000만 원/ 월 40만 원에 임대하면 실제 이 집을 사는 데 들어간 돈은 300만 원 안팎이다.

대출금 4,000만 원에 대한 월 이자는 연 3%를 계산했을 때 약 10만 원 정도 예상되므로 이 주택에 실제 투자한 금액은 총 300만 원이고, 월 순수익은 30만 원(월세 40만 원에서 대출이자 10만 원을 뺀 금액)이 된다.

설마 하는 사람이 많을 것이다. 너무 이론적인 예가 아닌가 하는 의심을 품는 사람도 있을 것이다. 그럼 위 사례를 검증해보자.

먼저 5,000만 원에 구입이 가능한 주택이 서울 시내에 있는가? 무척 많다. 최근 3~4년 사이에 가장 많이 지어진 건물 중 하나가 도심형 생활주택이다. 도심형 생활주택은 최근 늘어난 1인가구와 젊은 신혼부부들을 위해 역세권에 지어진 소형주택을 말한다. 주로 원룸형으로 되어 있으며 전용면적 15~30㎡가 주류를 이룬다. 이들의 분양금액은 지역마다 다소 차이가 있으나 비강남권을 기준으로 하면 6,000만 원~1억 원 사이가 많다. 감정가 6,000만 원짜리 주택이 경매에서 1회 유찰되면 최저입찰가는 감정가에서 20% 저감된 4,800만 원이 된다. 은행금리는 개인 신용에 따라 약간의 차이는 있으나 우리나라 평균 직장인(신용등급 3~5등급) 기준으로 주택담보 대출시 연 2% 후반에서 3% 초반을 적용한다. 또한 요즘 서울 시내의 원룸의 월세 수준을 보면 위치, 전용면적, 내부옵션 등에 따라 다소 차이는 있으나 보통 저렴한 것은 보증금 500만 원/ 월세 30만 원, 중간은 보증금 1,000만 원/ 월 50~60만 원, 좀 비싼 것은 보증금 2,000~3,000만 원/ 월세 70~80만 원 정도다.

셋째, 대출이 유리하다.

경매꾼들 사이에서 "은행돈이 내 돈보다 낫다"라는 말을 종종 한다. 내 주머니에 몇 천만 원 모으기란 여간 어려운 일이 아니다. 특히 월급쟁이라면 더더욱 그럴 것이다. 단돈(?) 1,000만 원을 모으기 위해 점심값까지 아껴가면서 적금이나, 펀드를 넣었던 경험이 한 번쯤 있을 것이다.

하지만 부동산투자를 위해서는 내 종잣돈에 은행대출을 최대한 활용해야 한다. 경매에 처음 투자하는 사람들 중에서는 대출이 부담된 나머지 자기가 가지고 있는 현금 범위 내에서만 투자를 고집하는 사람들이 있다. 충분히 공감은 한다. 하지만 경매 역시 수익률 게임이다. 똑같은 수익률 10%라 하더라도 1,000만 원의 10%와 1억 원의 10%는 차이가 엄청나다. 하지만 이런 이론과 달리 실제 경매투자에서는 1,000만 원 투자자가 10%를 벌면 1억 원 투자자는 15~20%를 번다. 이러한 이유에 대해서는 차츰 설명을 하기로 하자.

어쨌든 경매를 위해서는 은행대출이 필수인데, 직장인의 경우 확실한 소득증빙이 되기 때문에 대출에서 매우 유리하다.

부동산 대출의 필수요건은 두 가지, '담보가치'와 '대출이자에 대한 상환능력'이다. 즉 부동산을 담보로 은행에서 대출을 받을 때 은행에서는 원금을 담보할 부동산과 돈을 빌리는 사람이 대출기간 동안 이자를 잘 납부할 수 있는지를 최종 판단해서 대출여부를 결정한다.

은행에 제공하는 담보는 낙찰받은 부동산으로 하기 때문에 낙찰만 받으면 즉시 담보제공이 가능하다. 하지만 이자상환능력에 대해서는 본인의 신용등급과 연간소득금액 등을 따져 은행의 요구조건에 충족해야 한다.

은행에서 채무자의 개인신용과 소득금액을 심사할 때 가장 선호하는 대상은 4대보험이 되는 직장에서 꼬박꼬박 월급 받는 사람들이다. 다시 말해 직장인이 받는 고정적인 월급은 매달 꼬박꼬박 이자를 낼 수 있다는 것을 보증해주는 것이다. 따라서 은행에서 대출을 실행할 때에는 자영업자나 고액 자산가보다는 오히려 매월 고정적인 수입이 보장돼 있는 직장인들을 더 선호하기도 한다.

넷째, 본인의 업무와 인맥을 충분히 활용할 수 있다.

몇 년 전 일이다. 서울 영등포구에 위치한 1층 상가 물건이 4억 원에 경매에 나왔다. 법원의 임대차 조사결과 모 통신사에서 보증금 5,000만 원에 월세 300만 원을 지불하는 조건으로 휴대폰 대리점을 운영하고 있었다. 4억 원에 사서 월세를 매달 300만 원씩 받을 수 있다면 꽤 괜찮은 상가다. 하지만 문제는 경매로 소유자가 바뀐 이후다. 나 같은 경우, 월세를 받는 것이 목적이기 때문에 이왕이면 지금의 임차인이 계속 임차를 하는 것이 유리하다. 입찰 전 임차인의 의중을 알아보기 위해 매장을 찾았으나 가게를 지키는 사람이 퉁명스럽게 "자기는 직원이라 아무것도 알지 못한다"고 대답했다. 그런데 우연찮게 해당 통신사의 본사에 근무하는 선배를 통해 그 매장이 본사 직영점이며, 매출이 좋고 광고효과 등 여러 가지 이유로 건물 주인이 바뀌더라도 재계약을 할 의지가 매우 강하다는 것을 알게 되었다.

이런 경우도 있었다. 지인을 통해 한 사람에게서 연락을 받았는데, 그 사람은 한 가지만 확인하려 들었다. 요지는 이랬다. 충주에 감정가에서 수차례 유찰돼 최초 감정가의 30%까지 떨어진 분양 상가가 있는데 그 물건을 입찰하려고 하는데 권리분석상 문제가 없냐는 것이다. 물건을 쭉 살펴보니 권리분석상 입찰을 하는 데 문제가 없었다. 하지만 상가가 속한 건물 전체가 죽은 상권이라 임대를 놓기가 매우 어려울 것 같았다. 나는 이 사실을 이야기해주었지만 그 사람은 재차 권리분석상 하자가 있는지 없는지만 확인하고 통화를 마무리했다. 나중에 안 사실이지만, 그 사람은 이랜드계열사 직원으로 해당 건물이 이랜드에서 백화점과 아웃렛매장을 입점시킨다는 정보를 미리 알고 있었던 것이다. 그는 나중에 이랜드 측과 매우 좋은 조건으로 임대차계약을 맺은 것으로 확인됐다.

이처럼 누구나 본인의 직업이나 인간관계를 통해 인적 네트워크를 형성하면서 살아가고 있다. 특히 사회생활이 활발할수록, 인맥이 넓을수록 이를 활용할 수 있는 방법은 훨씬 다양해질 것이다. 위 두 사례는 아주 단편적인 예로 사람들의 다양한 업무와 인맥은 경매투자에서도 매우 유용하게 활용되며 때로는 엄청난 수익을 안겨주기도 한다. 부동산투자를 하는 데 엄청난 고급정보나 기밀에 해당하는 정보가 필요한 것은 아니다. 단지 내가 잘 모르는 분야에 대해 정통한 사람으로부터 약간의 팁만 제공받아도 이를 통해 충분히 수익을 내는 데 활용할 수 있다.

02 성공률이 높을 수밖에 없는 부동산경매

경매의 최대 장점은 뭐니뭐니해도 '돈벌이가 된다'는 것이다. 부동산이 돈 된다는 것은 삼척동자도 다 안다. 다만 방법을 몰라서, 돈이 많이 들어갈 것 같아서, 무서워서 등 이런저런 이유로 쉽게 접근하지 못할 뿐이다. 하지만 부동산, 그중에서 경매는 여러 면에서 투자에 매우 유용하다. 경매가 갖는 장점을 크게 세 가지로 나눠 보면 다음과 같이 정리된다.

첫째, 일단 싸다.

부동산으로 돈을 버는 가장 쉬운 방법은 최대한 짧은 시간에 산 금액보다 높은 금액으로 되파는 것이다. 시세차익을 남기기 위해서는 부동산을 사고 난 뒤 수요가 늘어나 가격이 올라야만 한다. 하지만 가격상승을 예측하기란 그리 쉬운 일이 아니다. 경매는 어떤가? 경매는 현재 기준에서 시세보다 싸게 사서 시세대로 되팔 수 있기 때문에 단기간의 예측투자가 가능하다. 즉 사는 시점에 이미 수익률 계산이 가능하단 얘기다. 경매 외에 시중의 싼 매물은 소유자 사정에 의한 급매물이나 땡처리 물건인데 현실적으로 이런 물건 중 질 좋은 물건이 나한테까지 오기란 쉽지 않다. 경매는 어떤 물건이든지 일단 경매가 시작되면 감정가부터 시작해서 유찰이 될 때마다 가격이 20~30%씩 내려가기 때문에 그 차액만큼 수익을 낼 수 있다. 1억 원짜리 오피스텔이 경매로 진행될 경우 한 번 유찰되면 8,000만 원, 두 번 유찰되면 6,400만 원, 세 번 유찰되면 거의 절반에 해당하는 5,120만 원에 입찰이 된다.

Tip. 경매의 저감률

경매는 최초 감정평가금액을 시작으로 입찰자가 없으면 20~30%씩 가격을 낮춰 진행하게 된다. 이를 저감률이라고 하는데 1회 유찰시 적용되는 저감률은 보통 20%이며, 이는 직전 금액대비 20%씩 가격이 다운된다. 즉 1억 원→8,000만 원→6,400만 원→5,120만 원→4,096만 원 순으로 가격을 낮춰 입찰에 붙여진다. 경매 저감률은 전국 모든 법원에 똑같이 적용하는 것은 아니고 경매법원마다 자체적으로 저감률을 따로 정해서 적용한다. 즉 일부 법원에서는 20%, 또 일부 법원에서는 30% 그리고 1~2회차까지는 30%, 그 이후에는 20%를 적용하는 등 각 법원별로 경매 진행 시마다 적용하는 저감률에 약간씩 차등을 두기도 한다. 이처럼 법원별 저감률이 다른 것은 법원 자체적으로 경매물건을 최대한 빨리 소진시키기 위한 방법으로 가격을 낮춰 매수자를 끌어들이기 위함이다. 경매가 계속 늦춰지면 경매진행 비용도 늘어나고 높은 이율의 지연이자가 발생하게 되는데 이 모든 부담은 채무자에게 전가된다.

||||||||||||||||||||||||||||||||||||||||||||||||||||||||||||||||||||||||||||||||||||||||||||||||||||||

둘째, 판단을 위한 자료가 풍부하다.

중개업소를 통해 부동산을 사거나 분양을 받을 때, 매입여부를 결정하기 위해서는 해당 물건에 대한 자료를 검토하게 된다. 중개업소를 통해 부동산을 살 때는 중개업소에서 부동산의 관련 서류(등기사항전부증명서, 건축물대장, 토지대장 등)를 보여주면서 장단점을 설명하고 이를 통해 매수자가 구입여부를 판단한다. 분양을 받을 때는 분양대행사에서 미리 제작한 카탈로그를 통해 물건의 입지, 교통, 개발계획, 도면 등을 확인할 수 있다. 하지만 이러한 자료는 대부분 공급자 위주, 즉 부동산을 팔기 위한 사람들에 의해 주도되기 때문에 매수자 설득을 위한 장점 위주로 구성돼 있고 단점은 숨겨져 있는 경우가 많다.

반면 경매로 나온 부동산은 감정평가서, 법원 임대차 현황조사서, 매각물건명세서 등 해당 부동산에 대한 각종 자료가 공신력 있는 전문기관 또는 법원 공무원에 의해 작성돼 있기 때문에 주관적인 의견이 배제되어 객관적으로 판단하는 데 상당한 도움이 된다.

여기에 시중의 경매정보업체에서 운영하는 인터넷사이트를 이용하게 되면 경매물건과 관련된 각종 통계 및 부수자료를 활용할 수 있어 최상의 판단을 내릴 수 있다.

대법원 법원경매정보(www.courtauction.go.kr)

경매접수부터 종결까지 경매의 진행일정 및 부동산 내역에 대한 모든 자료를 일반인이 인터넷을 통해 열람할 수 있도록 자료를 제공한다. 이 데이터를 바탕으로 민간경매업체에서 경매정보를 생산, 가공하여 유료서비스를 하게 된다.

지지옥션(www.ggi.co.kr)

국내에서 가장 오래된 경매정보 제공업체다. 오래된 만큼 과거 경매자료 및 관련 데이터가 풍부하다. 인터넷뿐만 아니라 책자로도 경매자료를 제공한다. 경매를 업으로 하는 사람이나 금융권, 정부기관 등의 이용자가 많다.

굿옥션(www.goodauction.com)

후발주자이지만 콘텐츠가 풍부하다. 경매 초보뿐만 아니라 중·고급자 등 이용층이 두텁다.

부동산태인(www.taein.co.kr)

지지옥션과 쌍벽을 이룰 정도로 역사와 전통을 자랑하는 회사인데, 최근에는 다소 주춤하지만 여전히 다양한 콘텐츠와 좋은 자료를 제공한다. 컨설팅이 강점인 회사다.

셋째, 선택의 폭이 넓다.

2016년 7월 한 달 동안 전국 법원에서 진행된 경매건수는 총 43,765건(대법원 자료)이다. 경기흐름에 따라 약간의 차이는 있으나 전국 기준으로 매월 진행되는 경매건수는 4~5만 건에 이른다. 바꾸어 말하면 우리는 매월 4~5만 건의 경매물건 중 마음에 드는 물건을 고를 수 있다는 얘기다. 경매시장에 나오는 부동산의 종류도 매우 다양하다. 아파트, 주택, 상가, 토지, 오피스텔 등 거의 모든 종류의 부동산을 경매로 만날 수 있다. 심지어는 자동차, 지게차, 굴삭기, 선박 등도 경매로 살 수 있다.

따라서 내가 관심 있는 지역과 부동산 종류는 얼마든지 선택이 가능하며, 설사 내 조건에 맞는 부동산이 없다 하더라도 한두 달을 더 기다리면 또 새로운 물건은 계속 경매로 쏟아져 나온다.

가격적인 부분도 마찬가지다. 많게는 수천억 원대부터 몇 백만 원짜리 부동산까지 경매시장에 등장한다. 나도 처음 경매를 접하고 가장 놀랐던 사실이 의외로 소액 물건이 많다는 것이었다. 개인적으로 가장 적은 금액으로 샀던 물건은 1㎡짜리 땅을 150만 원에 구입했던 일이다. 구입한 지 1년 후 500만 원에 되팔긴 했지만, 지금도 보유하고 있는 부동산 중에서는 이처럼 단돈 몇 백만 원으로 산 부동산이 2건이나 있다. 특히 이런 소규모 부동산은 대부분 재산세가 면제대상이거나 1~2만 원 이하의 소액이어서 보유에 대한 부담도 거의 없다.

이처럼 경매를 통해 구입할 수 있는 부동산의 종류는 전국의 모든 지역의 다양한 부동산을 내 취향과 투자능력에 맞게 얼마든지 선택이 가능하다. 오죽하면 경매시장을 '종합 부동산 아웃렛'이라고 하겠는가?

03 아는 만큼, 가진 만큼만 투자해도 충분하다

경매에 대한 편견 중에서 가장 자주 듣는 말이 "어렵다", "돈이 많이 든다"는 것이다. 그래서인지 경매 하면 미리부터 지레 겁을 먹고 기피하는 사람이 많다. 물론 경매에 참가하려면 부동산도 알아야 하고, 법률적인 지식도 있어야 하고, 세금 등등 다양한 지식이 필요하다. 하지만 이 모든 것을 완벽히 숙지해야 경매를 할 수 있는 것은 아니다.

나에겐 잊을 만하면 전화를 주는 전업투자자가 한 분 있다. 벌써 연세가 80대 중반인데 한 10년 전쯤 전화 상담으로 인연을 맺게 된 분이다. 그런데 신기하게도 아직 한 번도 얼굴을 뵙지 못했다. 내가 알고 있는 것만으로도 10여 년 동안 경매로 족히 10억 원을 넘게 벌었다. 그런데 여전히 전화를 주시면 아주 초보적인 질문들을 많이 한다. 경매에 대한 지식은 여전히 초보자 수준이다. 그런데 이런 분이 도대체 어떻게 돈을 많이 벌었을까? 이유는 간단하다. 경매와 관련된 법적인 지식은 부족하지만 부동산을 보는 안목이 매우 뛰어나기 때문이다. 이분의 주된 투자물건은 빌라와 토지다. 투자대상 지역은 서울 강서구와 인천 그리고 충청도 지역이다. 충청도는 태어난 고향이고, 강서구는 30년 넘게 살아온 제2의 고향이다. 오랜 세월 한 지역에 살면서 부동산의 흥망성쇠를 몸소 경험하고 주변시세와 매수자의 성향을 귀신처럼 꿰뚫고 있다. 이분은 그 재주 하나로 돈을 번 것이다.

또 다른 분도 있다. 목동에 거주하는 전업주부 J 씨다. J 씨는 젊어서부터 아파트를 통해 재테크에 성공한 사람이다. 남편이 1군 시공사에 근무한 덕분에 아파트에 대한 지식만큼은 수준급이다. 이분의 투자처는 서울 양천구 목동, 신정동 딱 2개 동이다. 이분도 가끔씩 나에게 권리분석에 대해 전화로 물어온다. 한번은 이런 적이 있다.

목동에 있는 3동짜리 아파트가 있는데 그중 8층의 108㎡형 물건을 4억3,000만 원에 입찰할 계획이라면서 몇 가지 질문을 했다. 질문에 대한 답을 해주기 위해 해당 경매사건을 검색해봤는데 내가 보기엔 도무지 수익이 날 만한 물건이 아니었다. 그래서 내가 물었다. 이 아파트를 왜 살려고 하는지? 어떻게 수익이 난다고 생각하는지를 물었더니 대답이 이랬다. 아파트의 세대수는 적지만 목동의 명문 학군을 배정받을 수 있어서 수요가 많다. 또 해당 호수는 다른 집에 비해 베란다 서비스 면적이 10㎡ 정도 넓어서 다른 것보다 3,000~4,000만 원 더 비싸게 거래된다는 것이다. 듣고 보니 그럴듯했다. 나는 절대 그런 정보까지 알 수는 없었다. 결국 그 아파트는 J 씨의 계획대로 낙찰 후 3개월 만에 4,000만 원가량 수익을 내고 매각됐다.

이처럼 경매로 수익을 내는 데는 반드시 수준 높은 법률적 지식과 경매에 정통해야 하는 것은 아니다. 경매는 내가 아는 범위 내에서도 얼마든지 투자할 수 있다. 특히 경매절차나 방법, 권리분석은 내가 모르면 언제든지 전화 한 통으로 원하는 해답을 구할 수 있다. 반면 전국 각지에 분포한 개별 부동산에 대한 세세한 정보는 부동산전문가보다 오히려 오랜 세월 그 지역에 살아온 현지인이 훨씬 많이 안다. 어차피 전국의 모든 물건을 내가 다 살 수는 없는 법이다. 내가 아는 만큼, 내가 가진 돈의 범위 내에서만 해도 선택할 수 있는 물건은 얼마든지 많다.

Q&A로 풀어보는 알쏭달쏭한 부동산 상식 ①
경매(경매절차, 권리분석, 명도, 사후처리)

경매절차에 대하여

Q. 법원에 경매가 신청되면 첫 매각기일까지는 대략 6개월 정도가 걸린다는데, 부동산의 종류나 지역에 상관없이 경매준비 기간은 똑같은가?

A. 경매의 진행 절차와 방법은 민사집행법에서 정한 기준에 의해 동일하게 적용된다. 다만 부동산의 종류나 지역 그리고 당사자 수에 따라서 실제 준비기간은 얼마든지 달라질 수 있다. 경매를 진행하는 데 채무자나 소유자에게 경매진행에 대해 통지하는 것은 필수사항이다. 그러나 이러한 통지가 당사자의 행방불명이나 주소불명 등으로 송달이 이루어지지 않으면 경매진행 일정은 1년 넘게도 지연될 수 있다. 더욱이 경매 신청 채권자가 경매진행 도중 법원에서 요구하는 서류나 비용을 제때 납부하지 않을 경우 이를 보완하기 전까지 경매절차는 무기한 연기되기도 한다. 따라서 "대략 6개월 정도 걸린다"라고 하는 것은 경매진행 절차상 별다른 무리 없이 원만하게 경매가 진행될 때의 평균기간 정도로 이해하면 된다.

Q. 경매 초보자다. 경매 부동산이 1회 유찰될 때마다 가격이 다운되는데 어떤 물건은 20%씩 또 어떤 물건은 30%씩 떨어지기도 한다. 왜 그런가?

A. 경매는 되도록 빠른 시일 내에 부동산을 매각해 채권자에게 배당을 실시한다. 빠른 매각을 위해 제일 좋은 방법은 가격을 낮추는 것이다. 이렇게 가격을 낮

추는 비율을 '저감률'이라고 한다. 경매 부동산의 저감률은 집행법원에서 재량껏 정하도록 돼 있다. 서울에 있는 모든 법원(중앙지방법원, 동부지방법원, 서부지방법원, 남부지방법원, 북부지방법원)은 저감률을 1회 유찰될 때마다 각각 20%씩 적용한다. 반면 일부 법원(인천지방법원, 수원지방법원, 고양지원, 대전지방법원, 제주법원 등)에서는 30%의 저감률을 적용한다. 즉 경매 부동산의 저감률은 관할법원마다 달리 적용한다. 따라서 입찰 계획 중인 부동산의 관할법원이 저감률을 얼마나 적용하는지를 미리 확인하고 입찰 계획을 세우는 게 바람직하다.

Q. 입찰을 할 때 필요한 준비물은 무엇인가?

A. 본인이 직접 입찰할 땐 **신분증, 도장, 입찰보증금**을 준비하면 된다. 대리입찰을 할 때는 본인의 인감증명서가 첨부된 **위임장, 대리인의 신분증, 도장, 입찰보증금**을 지참하면 된다.

Q. 법인으로 입찰할 때 입찰 준비물은 어떻게 다르나?

A. 법인대표가 직접 입찰에 참가할 때에는 대표이사 신분증, 도장, 법인등기부등본, 입찰보증금을 준비하면 되고, 대리로 입찰할 때에는 법인인감도장이 날인된 위임장, 법인인감증명서, 대리인 신분증, 도장을 준비하면 된다.

Q. 주민등록증을 분실하였는데 입찰할 때 다른 것으로 대체할 수 있는가?

A. 주민등록증이 없으면 운전면허증이나 여권으로도 신분증을 대체할 수 있다.

Q. 입찰보증금은 현금 또는 수표 중 어느 것을 준비하면 되나?

A. 둘 다 가능하다. 다만 입찰보증금이 수천만 원 또는 수억 원인 경우 현금으로 준비하면 부피가 커서 보증금봉투(편지봉투 크기)에 잘 들어가지도 않고 금액을 확인하는 데 시간이 많이 걸릴 수 있으므로 되도록 시중 은행에서 발행하는 수표를 준비하는 것이 좋다.

Q. 도장은 꼭 인감도장을 준비해야 하나?

A. 본인이 직접 입찰에 참여하거나 대리인 자격으로 참여할 때는 아무 도장이나 상관없다. 다만 본인이 위임을 할 때에는 반드시 인감도장으로 날인한 위임장을 첨부해야 한다.

Q. 입찰표를 작성할 때 반드시 자필로 작성해야 하나?

A. 아니다. 입찰표는 본인이 아닌 타인이 대신 작성해도 무방하며, 대법원인터넷 홈페이지 자료실에 있는 입찰표 파일을 다운받아서 컴퓨터로 작성한 후 출력해서 제출해도 된다. 단 입찰표는 정해진 표준양식을 사용해야 한다.

Q. 경매에서 '차순위 매수신청'이라는 말이 있는데 무슨 뜻인가?

A. 차순위 매수신청이란 쉽게 얘기하면 1등으로 낙찰받은 사람이 매각대금을 납부하지 않을 경우 차순위로 입찰했던 사람에게 기회를 달라고 신청하는 것을 말한다.

차순위 매수신청 자격은 최고가 매수신청인이 쓴 입찰금액에서 입찰보증금을

뺀 금액보다 높게 쓴 사람에게 자격이 주어진다. 예를 들면 입찰보증금이 1억 원이고 최고 낙찰금액이 12억 원이라고 하면 입찰금액을 11억 원 이상 쓴 사람은 차순위 매수신청이 가능하다. 차순위 매수신청은 입찰 당일 해당 경매사건이 입찰마감 선언이 되기 전까지 할 수 있다. 차순위 매수신청을 하게 되면 입찰보증금은 법원에 보관된다. 만약 최고가 매수인이 잔대금을 정해진 기일까지 납부하지 않을 경우 법원에서는 차순위 매수신고인에게 매각허가결정을 하고 잔금납부기한을 지정하여 통지한다. 통지를 받은 차순위 신고인은 잔금을 납부함으로써 소유권을 취득하게 된다.

Q. 입찰에 참가했다가 얼떨결에 차순위 매수신청을 했다. 낙찰자가 잔금을 납부한 상태인데 내가 납부한 입찰보증금은 어떻게 되돌려 받을 수 있나?

A. 차순위 매수신청은 경매에 참가하였으나 아깝게 떨어진 사람에게 주어지는 기회로 혹시 최고가 매수인이 잔금을 내지 않았으면 차순위 신고인에게 매수인 자격을 넘겨주는 제도이다. 하지만 최고가 매수인이 잔금을 납부하거나 포기할 때까지 입찰보증금은 법원에서 보관하게 된다. 최고가 매수인이 법원에 잔금을 납부하게 되면 법원에서는 차순위 신고인에게 보증금을 찾아가도록 통지한다. 즉 법원에서 연락이 오면 해당 경매계로 가서 환불절차를 밟으면 된다.

Q. 동생 집이 경매되어 입찰을 하고 싶은데 형인 내가 동생 명의의 부동산에 참가해도 되는지, 입찰참가 제한은 없는지 궁금하다.

A. 참가해도 된다. 법에서 정한 입찰참가 제한 대상은 다음과 같다.

1. 법정대리인의 동의 없는 미성년자(대법원 1969. 11. 19. 69마989 결정)

2. 채무자

3. 매각 절차에 관여한 집행관

4. 매각 부동산을 평가한 감정인(감정평가법인이 감정인인 경우에는 그 감정평가법인 또는 소속 감정평가사)

5. 매각사건에 이해관계가 있는 법관 및 법원사무관

6. 재매각 사건인 경우 전 매수인

Q. 경매로 농지를 낙찰받을 때 '농지취득자격증명원(농취증)'은 언제 어떻게 제출해야 하나?

A. 경매로 농지를 취득할 경우, 입찰당일 최고가 매수인으로 결정되면 법원에서 발급하는 최고가 매수인 확인서를 갖고 농지를 관할하는 해당 읍면동사무소에 가서 농지취득자격증명서를 신청하면 된다. 신청 후 농지취득자격증명원이 발급되면 매각허가결정기일 전까지 해당 법원 경매계에 제출하면 된다.

Q. 농지취득자격증명원을 제출해야 하는 농지는 구체적으로 어떤 토지를 말하는가?

A. 농지에 해당하는 토지는 원칙적으로 전(밭), 답(논), 과수원이다. 통상 경매공고가 날 때 특별매각조건에 '농지취득자격증명원 제출 요함'이라고 표기돼 있으면 낙찰 후 법원에 농지취득자격증명원을 제출해야 소유권이전을 받을 수 있다.

Q. 개인이 아닌 법인도 농지를 낙찰받을 수 있나?

A. 원칙적으로 법인은 농지를 취득할 수 없다. 다만 농업경영을 목적으로 하는 영농법인은 가능하다.

Q. 농지를 낙찰받고 농취증을 신청하였으나 반려되었다. 반려증을 법원에 제출하면 입찰보증금을 돌려받을 수 있나?

A. 농지취득자격증명 신청에 대해 반려가 되면 해당 관청에서 반려증에 기재한 반려 사유를 잘 살펴봐야 한다. 반려사유가 ①농지취득자격증명 대상 토지가 아니거나 ②농취증이 없이도 취득이 가능한 토지라면 법원으로부터 매각허가 결정을 받아 소유권을 취득할 수 있다.

그러나 농지취득자격증명을 신청한 사람의 자격 요건이 도저히 영농을 할 수 없다고 판단했거나 농지가 불법 전용되어 신청을 반려한 경우라면 법원에 따라서는 보증금을 돌려주지 않고 몰수할 수도 있다. 농취증 미제출에 따른 보증금 몰수 여부는 해당 경매사건의 물건명세서에 '특별매각조건'으로 표시가 돼 있다.

Q. 낙찰받았으나 1주일 후 매각불허가 결정이 났다. 낙찰받았다고 파티까지 했는데 너무 서운하다. 혹시 불허가사유라도 알 수 있나?

A. 경매에서 매각불허가는 종종 있을 수 있으며, 불허가 사유로는 송달불능, 농취증 미제출, 입찰자격 미달, 무잉여 등 여러 가지가 있다. 본인이 낙찰 당사자라면 법원의 해당 경매계에 불허가 사유를 문의하면 그 이유에 대한 충분한 설

명을 들을 수 있다.

Q. 경매에 참가할 때 입찰보증금을 현금 대신에 보증보험증권으로 대신할 수 있다고 들었는데 이용방법이 어떻게 되나?

A. 서울보증보험 등 보증보험 회사에 입찰하고자 하는 물건의 사건번호를 알려주면 심사를 통해 입찰보증금에 해당하는 보증증서를 발급받을 수 있다. 권리분석상 하자가 없고, 입찰자의 신용에 별다른 하자가 없으면 현금 대신 보증증서를 입찰보증금으로 제출하여 입찰이 가능하다. 단 일정액의 수수료는 입찰자가 부담해야 하며 최고가 매수인이 되고 나서 잔금을 납부하지 않으면 몰수되는 입찰보증금액만큼 보증보험회사에서 구상권 행사를 하게 된다.

Q. 선산으로 이용하기 위해 임야를 경매로 사고 싶다. 종중명의로도 경매를 받을 수 있는가?

A. 가능하다. 종중명의로 입찰할 때 구비서류는 ①종중규약 및 결의서 ②고유번호증사본 ③대표자(입찰에 참석하는 사람) 도장, 신분증을 지참하여 입찰에 참가하면 된다.

Q. 내가 집을 비운 사이에 법원에서 온 경매개시결정문을 중학생 딸이 수령하였다. 민법상 미성년자는 행위 무능력자인 걸로 아는데 이런 경우 적법하게 송달이 된 것으로 보는가?

A. 적법한 송달로 인정된다. 민사소송법상 '송달할 장소에서 송달받을 사람을 만

나지 못한 때에는 그 사무원, 피용자(被用者) 또는 동거인으로서 사리를 분별
할 지능이 있는 사람에게 서류를 교부할 수 있다'라고 돼 있다. 따라서 딸이
미성년자일지라도 사리를 분별할 지능이 있으면 송달로 인정된다.

Q. 입찰준비를 다 끝냈는데 갑자기 채권자가 매각기일변경을 신청하였다. 이런
경우 언제쯤 다시 경매일자가 잡히나?

A. 보통 2개월 정도 이후에 매각기일이 잡히는데 이는 어디까지나 통상적인 기
간이다. 사정에 따라서 기간이 짧거나 더 길어질 수도 있으니 법원공고를 꾸
준히 확인하길 바란다.

권리분석에 대하여

Q. 말소기준권리에는 어떤 것이 있는가?

A. 말소기준권리는 등기사항전부증명서상 근저당권, 저당권, 가압류, 압류, 담보
가등기, 경매개시결정 등기가 있다.

Q. 전세권는 말소기준권리가 아닌가?

A. 전세권을 말소기준등기로 취급하는 경우도 있다. 하지만 전세권은 말소기준
등기에 해당하는 경우도 있지만 부분 전세권은 말소기준권리가 되지 못한다.
예를 들면 다가구 주택의 경우 2층의 일부분에 최선순위로 전세권등기가 설
정돼 있으면 이런 경우는 등기상 최선순위라 하더라도 말소기준권리가 될 수

없다. 경매책마다 전세권에 대해 다소 다르게 설명돼 있는데 엄밀히 따지면 전세권은 모든 경우에 말소기준권리가 되지 않기 때문에 나의 경우 전세권은 말소기준권리에 포함시키지 않기로 한다.

Q. 가등기의 종류에는 소유권이전청구가등기와 담보가등기가 있는데 담보가등기만 말소기준등기가 될 수 있다고 한다. 소유권이전청구가등기와 담보가등기를 어떻게 구분할 수 있나?

A. 내용상 담보가등기지만 실제론 등기부상 '소유권이전청구가등기'로 표기된 경우가 대부분이다. 가등기가 표시된 부동산에 대해 경매신청이 되면 법원에서는 가등기 권리자에게 최고장을 보내 권리신고를 하도록 한다. 해당 경매사건의 가등기 권리자가 법원에 채권계산서와 배당신청요구서를 제출했다면 이는 담보가등기로 보면 되고 등기부상 최선순위라면 말소기준등기로 볼 수 있다.

Q. 주택임차인의 대항력 요건은 어떻게 되는가?

A. 등기부등본에 근저당이나 가압류가 없는 상태에서 집주인과 합법적인 유상 임대차계약을 맺고, 입주와 함께 전입신고를 마치면 대항력 요건을 갖추게 된다.

Q. 대항력 요건을 갖춘 주택의 임차인이 근저당 설정 이후에 잠시 다른 곳으로 전입신고를 했다가 다시 재전입한 경우에도 대항력 유지는 가능한가?

A. 아니다. 대항력은 상실된다. 대항력의 핵심 요건 중 하나가 전입신고다. 근저당이 설정된 이후에는 단 하루라도 다른 곳으로 주민등록을 옮기면 대항력은

상실된다.

Q. 임대차 기간 중 부득이하게 전입신고를 다른 곳으로 옮겨야 한다면 대항력 유지를 위한 다른 방법이 없나?

A. 전혀 없지는 않다. 가족 구성원 중 한 사람이라도 남겨놓고 주민등록 전입을 옮기면 대항력 유지는 가능하다.

Q. 대항력 요건을 갖추고 있는데 법원으로부터 경매진행 예정 통지를 받았다. 주민등록 전입은 언제까지 유지해야 하나?

A. 원칙적으로 배당요구종기일까지 주민등록을 유지하면 그 경매사건에서는 대항력이 인정된다. 하지만 만의 하나라도 경매가 취하되면 그 이후에는 대항력이 인정되지 않는다. 되도록 전세보증금을 전부 돌려받을 때까지는 주민등록을 유지하는 것이 좋다.

Q. 주택에서 대항력을 갖춘 임차인이 법원에 배당요구 신청을 하였으나 임차보증금을 전부 배당받지 못한다면 나머지 임차 보증금은 어떻게 해야 하나?

A. '대항력'은 임차인이 임차 보증금을 일부라도 돌려받지 못했을 때 임차 보증금을 전부 돌려받을 때까지 집을 비워주지 않아도 되는 권리를 말한다. 이는 법적으로 보장된 권리이기 때문에 낙찰자가 나머지 보증금을 돌려줄 때까지 집을 비워주지 않아도 된다.

Q. 단독주택에서 임차인의 전입신고 날짜가 토지의 최초 근저당 날짜보다는 늦고 건물 근저당 날짜보다는 빠르다. 이런 경우 임차인의 대항력은 성립되는가?

A. 성립된다. 토지와 건물의 근저당 날짜가 서로 다른 경우 대항력의 판단은 건물의 근저당 설정을 기준으로 삼는다.

Q. 경매되는 아파트의 소유자 아들이 임차인으로 권리신고를 해놓은 상태다. 적법한 세입자로 봐야 하는가?

A. 일단 아들이 미성년자면 임차인으로 인정되지 않는다. 성인인 경우라면 사실관계를 따져봐야 한다. 적법하게 임대차계약서가 작성되었는지, 실제로 임차보증금에 해당하는 돈을 지불하였는지 등 종합적으로 판단해야 한다.

Q. 등기사항전부증명서와 토지대장에 표시된 토지 면적이 서로 일치하지 않는다. 이런 경우 어느 쪽을 믿어야 하나?

A. 토지대장의 면적이 정확한 면적이다. 등기부는 토지대장을 근거로 작성되기 때문에 부동산의 표시에 관한 사항이 서로 다른 경우 대장이 우선한다.

Q. 등기부와 토지대장의 소유자가 서로 다른 경우에도 토지대장이 우선하는가?

A. 아니다. 소유권과 관련된 것은 등기부가 우선한다. 소유권 변동은 등기부를 보고 토지대장에 옮겨서 표시하기 때문이다. 즉 공부 작성의 시간적 순서를 따질 때 소유권 이전은 등기부에서 먼저 행해지고 나면 그 이후에 토지대장에

옮겨 표시하기 때문이다.

Q. 낙찰 후에도 등기부에서 지워지지 않는 권리에는 어떤 것들이 있나?

A. 말소기준권리보다 앞선 소유권이전청구가등기, 가처분, 예고등기, 배당요구 신청을 하지 않은 전세권, 지상권, 지역권, 등기된 임차권 등이 있다. 이상의 권리들은 경매로 낙찰되더라도 자동 소멸하지 않고 낙찰자에게 인수된다.

Q. 관심을 갖고 있는 오피스텔이 있는데 법원기록에 밀린 관리비가 1,000만 원 이라고 한다. 이처럼 경매에서 밀린 관리비는 누가 납부해야 하나?

A. 밀린 관리비는 당연히 사용자의 몫이다. 하지만 경매에서 전 소유자 또는 기 존 임차인이 관리비를 전부 납부하지 않고 이사를 나가버렸다면, 전 소유자의 체납관리비 중 공용부분에 해당하는 금액은 새로운 낙찰자가 인수해야 한다.

Q. 위 경우처럼 밀린 관리비는 얼마가 됐든 전부 낙찰자가 인수해야 하나?

A. 아니다. 전부 인수하는 것은 아니다. 전체 체납관리비 중 공용부분에 해당 하 는 것만 낙찰자에게 납부 의무가 있다. 또한 연체료나 지연이자를 제외한 순 수 원금만 납부하면 된다.

Q. 아파트 임차인이 최선순위 근저당보다 먼저 입주를 하고 전입신고와 확정일 자를 갖추고 있으나 배당요구 신청을 법원이 정한 배당요구종기일 이후에 신 청했다. 이런 경우에 낙찰자는 임차인 보증금을 물어줘야 하나?

A. 물어줘야 한다. 대항력을 갖춘 임차인이라 하더라도 법원에서 정한 배당요구 종기일까지 권리신고와 배당요구를 하지 않으면 배당에서 제외된다. 배당요 구종기일 이후에 신청한 경우도 마찬가지다.

Q. 은행의 근저당 설정 이전에 8,000만 원에 세 들어 살던 아파트 세입자가 은행 근저당 설정 이후에 전세금 2,000만 원을 증액해주었다. 이 경우 세입자가 법 원에 배당요구를 하지 않았다면 전체 전세금 1억 원 중 낙찰자는 얼마를 인수 해야 하나?

A. 세입자의 총 전세금 1억 원 중 대항력을 갖춘 전세보증금은 8,000만 원이다. 은행의 근저당 설정 이후에 인상된 2,000만 원은 대항력이 없다. 따라서 낙찰 자가 인수해야 할 전세보증금은 8,000만 원이다.

Q. 아파트 경매에 입찰을 하려는데 법원기록에 '대지권미등기'라는 표시가 있다. 이 경우 아파트 입찰을 해도 되나?

A. '대지권미등기'의 내용을 먼저 파악해야 한다. 법원의 감정평가서상 감정평가 금액에 대지권의 가격까지 포함돼 있으면 낙찰자는 잔금납부로 대지권도 취 득하게 된다. 반면 대지권의 가격이 포함돼 있지 않다면 낙찰 후 대지권에 해 당하는 지분을 별도로 매입해야 하는 경우가 있다.

Q. 입찰하고자 하는 아파트 세입자가 인테리어 비용으로 유치권신고를 접수한 상태다. 낙찰받으면 유치권을 인수해야 하나?

A. 일반적으로 임차인의 인테리어 비용은 유치권으로 인정되지 않아 낙찰자가 인수하지 않아도 된다. **유치권이 성립되기 위해서는** ①유치권자가 적법한 점유를 하고 있을 것 ②변제기가 도래했을 것 ③목적물과 직접적인 연관성이 있을 것 ④유치권 배제에 대한 특약이 없을 것. 이 네 가지의 요건을 모두 충족해야 한다.

Q. 법정지상권이란 무엇인가?

A. 경매로 토지와 건물의 소유자가 달라졌다 하더라도 건물주가 토지를 그대로 사용할 수 있는 권리를 말한다.

Q. 법정지상권이 성립되는 토지를 낙찰받으면 토지 소유자는 재산권 행사를 전혀 못하는가?

A. 그렇지는 않다. 건물에 대한 철거를 강제할 수는 없지만 토지에 대한 사용료는 청구가 가능하다.

Q. 분묘기지권은 무엇인가?

A. 법정지상권과 비슷한 권리로 이해하면 된다. 건물 대신 분묘(무덤)에 대해 토지의 사용권을 보장해주는 권리다. 다만 분묘기지권은 법정지상권과 달리 토지 소유자의 지료 청구권이 없다.

명도에 대하여

Q. 인도명령과 명도소송의 차이점은 무엇인가?

A. 인도명령은 경매물건이 낙찰되면 법원이 채무자나 현 점유자에게 집을 비우라고 내리는 명령이다. 인도명령은 신청방법이 간단하고 신청 후 1~2개월의 비교적 짧은 기간 내에 강제집행이 가능하다. 반면 명도소송은 강제집행을 하기 위해 소송절차를 거쳐야 하기 때문에 6개월~1년 이상의 오랜 기간이 걸리고 그만큼 비용도 많이 든다.

Q. 인도명령 대상자는 어떤 사람이 해당하는가?

A. 경매사건의 소유자 및 채무자와 그 가족, 대항력 없는 임차인과 권원 없는 점유자가 인도명령 대상이다.

Q. 인도명령 신청은 언제까지 할 수 있나?

A. 잔금납부일로부터 6개월까지다. 잔금납부일 후 6개월이 지나면 인도명령대상자라 하더라도 명도소송의 절차를 밟아야 한다.

Q. 자산관리공사의 공매에서도 경매와 같이 인도명령이 그대로 적용되는가?

A. 공매에서는 인도명령 제도 자체가 없다. 따라서 공매로 낙찰받으면 소유자, 채무자뿐만 아니라 모든 점유자를 명도소송을 거쳐 강제집행해야 한다.

Q. 유치권을 행사하고 있는 사람도 인도명령신청을 통해 강제집행이 가능한가?

A. 유치권자는 원칙적으로 명도소송 대상이다. 하지만 유치권을 주장하는 자가 명백하게 가짜임이 입증되면 법원으로부터 인도명령 결정을 받을 수 있다.

Q. 의외로 유치권이 신고된 물건이 많다. 유독 경매사건에 유치권자가 많은 이유는 무엇인가?

A. 공사 중이거나 신축건물을 제외하고는 사실상 유치권이 성립하는 경우는 매우 드물다. 경매가 진행되면 소유자나 임차인이 낙찰자에게 이사비를 많이 뜯어낼 요량으로 허위의 유치권을 주장하는 경우가 많다.

Q. 처음부터 낙찰자에게 돈을 뜯어낼 목적으로 유치권행사를 한다면 이는 명백한 범죄행위가 아닌가? 고소하면 되지 않나?

A. 경매당하는 사람들이 허위로 유치권행사를 하는 것은 잘못된 관행이다. 하지만 이는 명백한 '범죄행위'에 해당한다. 고소하면 경매방해죄 등으로 처벌받을 수도 있다.

Q. 분묘도 강제집행이 가능한가?

A. 가능하다. 분묘기지권 등 낙찰자에게 대항할 수 있는 분묘가 아니면 낙찰자는 분묘에 대한 강제집행 신청이 가능하다.

Q. 30평형대 아파트를 낙찰받고자 한다. 명도를 할 때 이사비는 얼마가 적당한가?

A. 정해진 이사비는 따로 없다. 다만 30평형대 아파트의 경우 강제집행을 하게

되면 200~300만 원이 소요된다. 따라서 강제집행 비용 한도 내에서 협의하면 무리가 없을 것이다.

Q. 법원으로부터 전세금을 전부 배당받는 세입자인데 낙찰자에게 이사비를 요구한다면 이를 들어줘야 하나?

A. 들어주지 않아도 된다. 임차인이 법원에서 전세금을 배당받기 위해서는 낙찰자의 인감증명서가 첨부된 '명도확인서'를 법원에 제출해야 한다. 즉 임차인은 낙찰자에게 집을 비워주고 원만하게 협조해야만 본인의 전세금을 순조롭게 배당받을 수 있다. 따라서 임차인의 무리한 요구에 응할 필요는 없다.

Q. 전세기간이 1년 정도 남아 있고 대항력을 갖춘 임차인이 법원에 배당요구 신청을 했다. 그런데 낙찰 후 임차인에게 집을 비워줄 것을 요청하였더니 남아 있는 전세기간 동안 더 살고 나가겠다고 한다. 이런 경우 낙찰자는 1년을 기다려줘야 하나?

A. 아니다. 대항력 있는 임차인의 전세 기간이 남았다 하더라도 임차인이 법원에 배당요구 신청을 하였다면 이는 임대차계약의 해지로 간주한다. 따라서 낙찰자가 임차인에게 명도를 요청하면 임차인은 집을 비워줘야 한다.

Q. 아파트를 낙찰받았는데 살고 있던 임차인이 자기가 돈을 들여 싱크대를 교체했다면서 이사 갈 때 싱크대를 떼어 가겠다고 한다. 그냥 떼어 가도록 놔두어야 하나?

A   아니다. 싱크대는 아파트에 설치된 종물이다. 즉 아파트를 낙찰받아서 대금을
    전부 치렀다면 이는 아파트 건물뿐만 아니라 이에 부속된 종물(싱크대, 욕조,
    붙박이장 등)까지 소유권을 취득한 것으로 본다.

Q. 법무사에게 명도소송을 의뢰했더니 '점유이전금지가처분'을 먼저 해야 한다고
    한다. 점유이전금지가처분이 무엇인가? 명도소송 때 꼭 해야 하나?
A   명도소송은 법원의 판결을 구해야 하기 때문에 보통 6개월 이상의 기간이 소
    요된다. 그런데 소송 기간 중에 점유자가 바뀌게 되면 새로운 점유자를 상대
    로 다시 명도소송을 제기해야 한다. '점유이전금지가처분'은 명도소송을 할 때
    기존 명도대상자가 다른 사람으로 바뀌더라도 이를 인정치 않게 하는 법적 조
    치로 수개월 이상 걸리는 소송에서는 필수적으로 행하는 조치이다.

Q. 인도명령 신청 때도 '점유이전금지가처분'을 해야 하나?
A   강제집행을 하기 전에 점유자가 바뀔 가능성이 있으면 해야 하는 것이 맞다.
    하지만 인도명령의 경우 단기간에 법원결정이 나와 집행이 가능하기 때문에
    실무적으로 생략하는 경우가 많다.

Q. 임차인이 수개월 동안 이주를 하지 않아 어쩔 수 없이 법원에 인도명령을 신
    청하고 강제집행을 하였다. 300만 원가량 집행비용이 나왔는데 이 비용을 임
    차인에게 청구할 수는 없나?
A   가능하다. 원칙적으로 임차인은 자기비용으로 이주를 해야 하지만 부득이하

게 자진 이주를 하지 않아 낙찰자가 비용을 들여 강제 이주를 시켰다면 이에 대한 집행비용은 이주 의무가 있는 임차인에게 청구할 수 있다. 집행 당시 법원에 납부한 비용영수증을 챙겨 임차인에게 '강제집행비용청구'를 하면 된다.

Q. 배당받는 세입자가 이사를 나가기 위해 낙찰자에게 미리 '명도확인서'를 써달라고 한다. 들어줘야 하나?

A. 명도확인서는 말 그대로 낙찰자에게 집을 비워줬다는 확인서다. 배당받는 세입자가 임차보증금을 배당받고도 집을 비워주지 않아 낙찰자를 애먹이는 것을 방지하기 위해 만든 제도이다. 하지만 한편으로는 세입자는 배당을 받아야만 그 돈으로 이사를 갈 수 있는 경우가 대부분이라 현실적인 모순이 작용한다. 따라서 임차인이 부득이하게 이사 나갈 비용문제로 명도확인서를 미리 요청한다면 이주를 입증할 만한 전세계약서나 기타 명도 약속을 어겼을 때 이에 대한 손해배상 등을 내용으로 하는 각서를 받는 등의 적절한 조치를 하고 명도확인서를 주면 된다.

Q. 200만 원의 이사비를 받고 명도하기로 합의했는데 채무자가 자꾸만 이사 약속을 어긴다. 이런 경우는 어떻게 해야 하나?

A. 강경하게 대처해야 한다. 0월 0일까지 이사를 했을 때 이사비 200만 원이고, 날짜가 지연되면 그만큼 금액이 차감된다고 주지를 시키거나 인도명령 절차를 동시에 진행시켜 여차하면 강제집행을 통해서라도 집을 비울 수 있도록 병행해야 한다.

Q. 세입자가 이사하기로 한 날짜가 정해졌다. 낙찰자가 따로 챙길 것이 있나?

A. 이사하는 날 웬만하면 직접 참석하는 것이 좋다. 아무래도 기존에 살던 사람을 통해 관리상에 특별히 주의해야 할 것이나 인수받을 것이 있으면 이에 대해 상세하게 전해 듣는 것이 좋다. 이사를 모두 마치고 나면 되도록 현관열쇠는 다른 것으로 교체하는 것을 권한다.

Q. 임차인이 법원으로부터 전세금을 배당받을 때 필요한 서류는 무엇인가?

A. 신분증, 도장, 임대차계약서 원본, 명도확인서를 지참하면 된다.

Q. 살고 있는 집이 낙찰된 상태다. 법원으로 임차보증금을 배당받아야 하는데 낙찰자가 '명도확인서'를 해주지 않는다. 명도확인서 없이는 절대 배당을 못 받는 것인가?

A. 그렇지 않다. 명도확인서는 배당받는 임차인으로 하여금 낙찰자에게 집을 조속히 비워주라는 취지로 만들어진 것이다. 그리고 집을 비워준 것이 확인되면 배당을 해준다는 의미다. 그러나 간혹 낙찰자와 임차인 사이에 감정이 쌓여 낙찰자가 명도확인서를 못 해주겠다고 억지를 부리는 경우가 있다.

이런 때는 임차인이 다른 곳으로 이주하여 집을 비웠음을 입증하는 증빙자료를 법원에 제출하면 된다. 예를 들어 이주확인서(통장 또는 관리사무소 등을 통해 확인), 주소 이전된 주민등록등본, 부동산계약서 등을 제출하면 된다.

사후처리에 대하여

Q. 집주인이 수개월 전 야반도주하여 버리고 간 가구와 오래된 가전제품만 남아 있는 아파트를 낙찰받았다. 폐가구와 가전제품을 임의로 처리해도 문제없나?

A. 원칙적으로는 임의로 처리하면 안 된다. 집 안에 있는 동산(가구, 가전제품 등) 은 전 집주인의 소유다. 임의로 처리했다가 집주인이 문제 삼아 절도범으로 몰릴 수 있다. 인도명령 등 정상적인 집행절차를 거쳐 짐을 처리하는 게 좋다. 하지만 부득이 임의로 처리하게 될 경우에는 관리소장이나 객관적인 위치의 제3자 입회하에 처리 물건에 대한 목록표를 작성하고 사진을 찍어 증거를 남기는 것이 좋다. 바로 처분하기보다는 보관창고 등에 2~3개월 보관 후 특별한 연락이 없으면 그때 처리하는 것이 추후 다툼을 줄일 수 있다.

Q. 명도가 끝났다. 낙찰자가 따로 해야 할 것은 무엇인가?

A. 먼저 관리사무소에 가서 집주인이 바뀐 것을 알리고 전기, 수도 등 각종 공과금에 대한 명의변경을 신청한다. 그리고 간단히 집 청소를 하고 집 상태를 체크하여 수리할 곳은 없는지 인테리어는 어떻게 할지를 정하면 된다.

Q. 체납관리비를 500만 원이나 물어주었다. 큰 금액인데 나중에 필요경비로 인정받을 수 없나?

A. 가능하다. 공용부분의 체납관리비는 낙찰자가 법적으로 인수해야 하는 비용이다. 관리사무소에서 정산내역서와 영수증을 챙겨두었다가 양도세를 계산할 때 필요경비로 신고하면 된다.

Q. 채무자에게 지불한 이사비도 양도세 신고 때 필요경비로 인정이 되나?

A. 이사비는 필요경비로 인정되지 않는다.

Q. 아파트를 2억 원에 낙찰받고 대항력 있는 임차인 전세보증금을 5,000만 원 물어줬다. 실제로 아파트를 사드는 데 들어간 총 비용은 2억5,000만 원인데 이런 경우 양도세 계산할 때 취득가액 2억 원과 2억5,000만 원 중 어느 것이 맞나?

A. 취득가액 2억5,000만 원이 인정된다. 대신 임차인에게 지불한 5,000만 원을 인정받기 위해서는 임대차계약서 원본, 영수증, 선순위 임차인임을 확인할 수 있는 경매기록 등을 챙겨두어야 한다.

Q. 인테리어를 하고 싶은데 어떻게 하는 것이 좋은가?

A. 직접 입주를 할 것이면 본인의 취향대로 하고, 임대를 할 예정이면 되도록 저렴하게 기본만 하는 것이 좋다. 도배, 장판의 경우 지나치게 화려한 색상보다는 흰색 계열의 벽지 등 깔끔하고 무난한 색을 선택하는 것이 좋다.

Q. 강제집행을 통해 보관 중인 채무자의 짐은 어떻게 처리해야 하나?

A. 강제집행 후 채무자가 짐을 찾아가지 않으면 보관 중인 짐에 대한 보관료를 낙찰자가 계속 물어야 하는 경우도 있다. 따라서 이런 강제집행 비용에 대한 청구권을 가지고 해당 짐에 대해 유체동산 경매를 신청하여 관리의무를 벗어버리면 된다. 즉 보관 중인 짐을 경매에 붙이게 되면 낙찰 후 보관의무는 사라진다.

Q. 낙찰받은 오피스텔을 다시 임대 놓고자 한다. 빨리 세를 놓을 수 있는 비법은 없나?

A. 일단 깔끔한 상태로 청소 또는 도배, 장판을 해서 임차인이 호감을 갖게 만들어놓는다. 그 후 주변 중개업소 2~3군데를 정해 의뢰를 하고 필요하면 벼룩시장이나 인터넷 광고로 직거래를 해도 된다. 중요한 것은 깨끗하고 적정한 시세로 내놓는 것이다.

Q. 임대용으로 주택을 샀는데 집에서 멀리 떨어져 있고 여자라 관리가 힘들다. 편하게 관리할 수 있는 방법은 없나?

A. 전문관리업체에 맡기거나 인근 부동산 중개업체를 통해 임대관리를 할 수 있다. 전문관리업체의 경우 별도의 비용을 지불해야 하나 중개업소의 경우 전속 중개를 맡기고 추후 중개수수료를 지불하는 조건으로 관리를 맡길 수도 있다.

Q. 진상 임차인으로 고생한 적이 있다. 좋은 임차인을 들이는 노하우가 있는가?

A. 현실적으로 임차인의 인성까지 파악하기는 쉽지 않다. 임대차계약을 하기 전에 중개업소를 통해 직업이나 성향 등을 미리 파악하고 직접 대면해서 판단하는 수밖에 없다. 검증된 지인이 있으면 이들을 임차인으로 들이는 것도 한 방법이다.

Q. 집을 장기간 비워놨더니 겨울에는 동파, 여름에는 곰팡이로 고생을 했다. 계절별 관리 방법이 따로 있나?

A. 장기간 집을 비워놓을 경우 동파나 곰팡이의 우려가 있다. 따라서 환기를 위해 창문을 약간 열어놓고 겨울철엔 보일러의 타이머를 맞춰 작동시키고 수도 등은 물방울이 뚝뚝 떨어질 정도로 틀어놓으면 동파방지에 도움이 된다. 방향제, 제습제 등 시중에서 판매하는 제품을 적당히 이용하는 것도 좋다.

Q. 임차인이 상습적으로 월세를 연체한다. 어떻게 조치를 취하는 것이 좋은가?

A. 일단 구두상으로 충분히 설득하고, 그래도 개선되지 않으면 필요한 조치를 취해야 한다. 먼저 내용증명을 보내고 명도소송 절차를 밟아야 한다. 주의할 것은 소송기간이 1년가량 걸릴 수도 있기 때문에 임차보증금이 충분히 남아 있는 상태에서 소송을 제기해야 한다. 그렇지 않으면 밀린 월세와 소송비용은 못 받을 수도 있다.

Q. 전입신고를 하지 않는 조건으로 오피스텔을 임대해줬다. 만약 임차인이 약속을 어기고 전입신고를 하면 양도세 신고 등 불이익이 있다는데 이런 경우 임차인에게 손해배상을 청구할 수 있나?

A. 현실적으로 어렵다. 주거용으로 세를 줬다면 임차인의 전임신고 금지 특약은 '임차인에게 불리한 특약'에 해당되기 때문에 특약 자체가 무효가 될 수 있기 때문이다.

1,000만 원으로 시작하든 10억 원으로 시작하든 경매의 절차는 똑같다. 다만 돈이 많을수록 그만큼 선택의 폭은 넓고 입찰 기회 또한 많을 수 있다. 하지만 나의 투자성향과 물건을 알아보는 노하우가 없으면 돈도 무용지물이다. 1,000~2,000만 원으로 시작해서 소액물건부터 탄탄히 투자의 감각을 쌓은 자가 억대의 순수익을 올릴 수 있다. 경매 절차를 통해 투자방법을 찾아보자.

chapter
02

1억 원을 부르는 1천만 원
부동산경매의 기술

01 투자의 첫 걸음
:나의 투자성향 파악하기

사람마다 성격이 다르듯 투자성향도 다르다. 먼저 자신의 투자성향을 파악해야 한다. 그래야 부동산투자에서 좋은 수익을 남길 수 있다.

투자성향은 공격적이냐 보수적이냐, 장기투자를 선호하느냐 단기투자를 더 선호하느냐, 주택을 선호하느냐 상가를 선호하느냐 등 여러 가지로 나누어볼 수 있다.

개인의 투자성향은 투자물건을 선택하는 데 직접적인 영향을 미친다. 때문에 내 성향에 맞는 물건을 찾는 것이 무엇보다 중요하다.

예전에 지인 중 한 사람이 경기도 남양주시에 있는 땅(논)에 투자를 한 적이 있다. 주변에 대규모 아파트가 들어서고 도로가 확장될 예정이어서 내가 보기에도 괜찮은 투자처럼 보였다. 문제는 이 땅을 샀던 지인이 하루가 멀다 하고 중개업소를 들락거리면서 좋은 소식 없냐고, 땅값 좀 올랐냐며 안달을 하는 것이었다.

처음 그 땅을 살 때 넉넉잡고 한 5년을 묻어두면 땅값이 많이 오를 것이라는 얘기를 들었지만, 이 사람은 조급증이 심해 느긋하게 기다리지 못했다. 결국 안절부절못하다가 1년 뒤 땅을 매각하고 말았다. 손해를 보지는 않았지만 시간만 낭비하고 헛고생을 한 것이다. 물론 그 땅은 그로부터 2~3년 뒤 가격이 3배 가까이 올라 그 땅을 산 사람이 톡톡히 재미를 봤다는 소식을 전해 들었다.

이와 대비되는 사례가 있다. 또 다른 지인은 공매로 산 남양주시의 땅(밭)을 2년 동안 열심히 가꾸고 다듬더니 처음 살 때보다 2배 가까운 수익을 남기고 처분했다. 이분은 평소 주말농장에서 농작물을 심고 가꾸는 것을 무척이나 좋아했는데, 공매 투자한 땅에도 매주 다니면서 각종 농작물을 심고 가꾸면서 주변을 아름답게 꾸몄던 것이다. 하도 열심히 땅을 일구고 가꾸어서 적당히 하라고 타이를 정도였다. 어쨌든 그 노력 덕에 좋은 결과가 생겼다. 근처를 지나던 사람이 아름답게 가꾼 농장에 반해 땅주인을 직접 찾아온 것이다. 결국 서로 웃으면서 기분 좋게 거래가 성사됐다. 이분은 주말마다 농장을 찾아 채소를 심고 가꾸는 것이 너무 재미있고 즐거웠다면서 투자를 떠나 인생의 좋은 경험을 했다고 할 정도였다.

부동산은 주식과 달리 단기매매가 어렵고 보유기간 동안 적당한 관리가 필요하다. 때문에 부동산을 살 때에는 적어도 보유기간 동안 관리에 신경 쓰겠다는 마음의 준비를 하고 있어야 한다. 이왕이면 부동산을 사고팔면서 수익도 남기고 그 과정을 즐길 수 있다면 금상첨화 아니겠는가?

때문에 부동산을 투자할 때에 중요하게 고려할 것이 본인의 투자성향이다.

개인적으로 최고의 재테크 수단으로 부동산경매를 꼽는다. 그럼에도 불구하고 친한 사람에게 "절대 부동산투자는 하지 말라"고 권유하기도 한다. 그 대상은 바로 조급증이 심하고 매사에 근심, 걱정이 많은 사람이다.

부동산투자에서 가장 중요한 것은 긍정적인 마인드와 느긋함이다. 성향이 그러하지 못하다면 애초부터 부동산투자는 절대 하지 말라고 권하고 싶다.

느긋하게 기다릴 수 있는 마음의 준비가 돼 있다면 그다음은 자기가 선호하는 지역과 좋아하는 물건을 공략하면 된다. 내가 잘 알고 좋아하는 물건이어야 적극적으로 투자를 할 수가 있다. 남들이 아무리 좋다고 하더라고 내가 잘 모르는 지역과 물건에 대해서는 투자에 신중을 기해야 한다. 매월 얼마씩의 월세를 받고 싶은 사람이라면 상가, 오피스텔 같은 임대수익이 좋은 물건에, 시세차익을 통해 한꺼번에 목돈을 벌고 싶으면 땅이나 아파트 같은 물건에 투자하는 것이 현명하다.

02 투자대상 고르기
:'내 물건' 제대로 알아보는 법

부동산 투자물건을 고르는 것은 배우자를 선택하는 것만큼이나 매우 중요하다. 물건 선택 자체가 투자의 성패를 좌우하는 경우가 대부분이기 때문이다. 부부 사이에서도 궁합이 중요하듯이 부동산도 궁합이 있다. 나에게 잘 맞는 물건 고르는 방법에 대해 알아보자.

내 능력에 맞을 것

'국민 여동생' 수지가 나에게 프로포즈를 한다면 받아들여야 할까? 뭇 남성들은 상상만으로도 설레는 일이겠지만 냉정하게 생각하면 기분 좋게 한번 웃고 거절을 해야 한다. 자세한 이유는 굳이 설명하지 않더라도 알 것이다. 부동산도 마찬가지다.

나에게 부동산을 살 만한 여윳돈이 있어야 하고 사고 나서도 유지·

관리할 수 있는 능력이 돼야 한다. 수중에 여윳돈 5,000만 원이 있고 매월 200만 원의 급여를 받는 직장인이라면 다른 기타 조건을 무시했을 때 총 투자금액은 2억5,000만 원 정도가 적당하다. 이유는 자기자본 5,000만 원에 대출금 2억 원을 이용하게 되면 월 이자는 대략 50~60만 원(연이자 3~3.6% 적용)이 되기 때문이다. 즉 순수 자기자본을 제외한 대출금에 대한 이자는 월 소득의 30% 정도가 적당하다. 물론 급여에서 지출되는 개인 생활비가 아주 적거나 급여 외의 다른 소득이 있는 사람은 예외다. 하지만 일반적인 직장인 기준으로 보면 대출금은 자신의 급여를 기준으로 했을 때 매월 부담하는 이자는 월급의 50%를 넘지 않는 것이 좋다.

간혹 무리하게 대출을 받았다가 이자를 부담하지 못해 손해보고 되팔거나 경매에 붙여지는 경우를 종종 보게 된다. 부동산투자는 레버리지효과를 통해 수익을 극대화하는 것이 가능하다. 대출도 하나의 전략이고 투자기법이다. 하지만 자기가 감당하기 힘들 정도의 무리한 대출을 받는 것은 오히려 독이 될 수 있으므로 주의해야 한다.

Tip. 레버리지 효과(leverage effect)

타인으로부터 빌린 차입금을 이용하여 자기자본수익률을 높이는 것을 말하며 '지렛대 효과'라고도 한다. 특히 부동산의 경우 매입하는 부동산을 담보로 제공하여 자금을 차입하기 때문에 비교적 차입이 용이하고 금리가 저렴한(2017년 8월 기준으로 아파트 연 2.5~3%, 상가는 연 3~3.5% 내외) 편이어서 부동산투자를 할 때 많이 이용한다.

잘 아는 물건일 것

신혼일 때는 부부가 서로에 대한 애정은 있으나 이상하게 티격태격 싸우는 일이 많다. 좋아서 결혼을 하긴 했지만 20~30년 살아온 환경이 다르고 성격이 다르다 보니 사소한 일로 다투게 된다. 하지만 차츰 세월이 지나면서 의견대립도 줄어들고 다투는 일도 줄어들게 된다. 이는 서로의 성격을 파악하게 되어 싸울 만한 일은 미리부터 서로 조심하기 때문일 것이다. 즉 서로 사이가 좋아져서 싸움을 안 하는 것이 아니라 상대방의 예민한 부분, 포기 못 하는 부분에 대해 서로 인정하고 그 부분에 대해서는 자극하지 않기 때문이다. 결국 부부 사이도 서로의 성격과 취향에 대해 속속들이 알아야만 다툼 없이 원만한 관계를 유지할 수 있다.

부동산도 마찬가지다. 얼핏 보기엔 좋아서 샀는데 막상 사고 보니 관리도 어렵고 감당하기 힘든 물건들이 있다. 특히 물건지가 멀리 떨어져 있거나 용도가 특수한 경우 이에 대한 사전지식 없이 매입을 했다가는 낭패를 볼 수도 있다.

몇 년 전 30대 초반의 여성분으로부터 상담요청을 받은 적이 있는데, 사연이 이랬다. 액세서리 제작이 취미였던 그녀는 워낙 손재주가 좋아 주변사람들로부터 직접 만든 액세서리를 팔아보라는 권유를 자주 받았다. 다니던 직장에 별 흥미를 못 느끼던 차에 주변 사람들까지 그녀의 솜씨를 칭찬하며 용기를 북돋았다. 결국 그녀는 액세서리 매장을 해보기로 마음을 먹게 되었다. 결심이 서자 곧바로 매장을 물색했다. 얼마 지나지 않아 아웃렛 건물 8층에 있는 5㎡짜리 점포를 3,200만 원에 낙찰을 받았다. 기분 좋게 잔금도 치렀다. 그런데 얼마 지나지 않아 문제점을 발견했다. 상가관리단 사람을 만나 곧 실수를 알게 됐다. 그녀의 점포가 있는 8층은 입점할 수 있는 업종이 가구와 인테리어 종류로 제한돼 있다는 것이다. 액세서리 매장은 1층에서만 영업을 할 수 있도록 상가관리단에서 규약으로 정해놓은 것이다. 얘기를 듣고 유심히 살펴보았더니 그제야 액세서리 업종은 전부 1층에 있고, 8층엔 가구와 인테리어 업종만 즐비한 것을 알게 되었다. 결국 이 일로 그녀는 액세서리 창업을 포기할 수밖에 없었다. 낙찰받은 상가는 수개월 동안 공실로 방치해두었다가 겨우 세를 놓긴 하였으나 이래저래 손해가 컸다.

위 사례처럼 백화점, 쇼핑몰, 아웃렛 등 대형 상가건물은 입점상인들의 권익보호를 위해 특정 업종을 지정 또는 제한을 두는 경우가 많다. 일반 건물이나 상가는 건축물대장상 근린생활시설로 돼 있으면 업종에 크게 구애 받지 않고 매장을 차릴 수 있다. 하지만 대형 상가건물은 자기 소유의 점포라 하더라도 상가관리단에서 정한 업종이 있으면 그 규약에 맞는 업종으로 사용해야 한다. 위 사례의 여성은 자기 집 앞의 상가건물에는 액세서리, 가구점 등 여러 가지 업종이 뒤섞여 있어서 여타 건물도 다 마찬가지일 것으로만 생각했던 것이다.

이처럼 내가 잘 모르는 물건, 낯선 동네의 부동산을 살 때에는 더욱 세심한 주의를 기울여야 한다. 특히 아파트가 아닌 상가, 토지를 살 때에는 내가 계획하고 있는 업종으로 사업자등록이 가능한지, 내가 짓고자 하는 건물의 허가가 가능한지 등 구체적인 이용목적에 대한 가능성

여부를 꼼꼼히 확인해야 한다.

관리와 처분이 용이할 것

'구슬이 서 말이라도 꿰어야 보배'라 했다. 부동산투자로 실질적인 수익을 남기려면 임대를 놔 월세를 받거나 매각을 통해 차익을 남겨야 한다. 부동산은 사는 것도 중요하지만 파는 것이 더 중요하다. 아무리 좋은 물건을 사도 제대로 팔지 못하면 헛일이 되기 때문이다. 부동산을 살 때에는 반드시 사고 나서 어떻게 관리할 것이며 언제쯤 매각할지도 충분히 염두에 두어야 한다.

초보자들이 자주 하는 실수 중 하나가 지나치게 자기 취향에 의존한다는 것이다. 물론 자기 취향에 맞는 부동산을 사면 남들보다 관리도 잘하고 애지중지 보살필 것이다. 내가 평생 살 집이라면 집을 구입해 내 취향에 맞춰 꾸며도 된다. 하지만 투자의 가장 근본은 수익 창출임을 잊어서는 안 된다. 엄밀히 말하면 투자물건은 내 취향보다는 남의 취향을 먼저 고려해야 한다. 즉 내 집에 세 들어 올 사람, 내 집을 사고자 하는 사람들이 보편적으로 좋아할 집을 사고 거기에 맞게 꾸며야 더 나은 수익을 낼 수 있다는 것이다.

인테리어에 관심이 많은 선배가 있는데 이런 일이 있었다. 이분의 평소 꿈이 40평대 아파트를 구입해서 그동안 자기가 구상해왔던 모든 아이디를 쏟아 부어 직접 집을 꾸미는 것이었다. 그러다 2012년 가을 드디어 꿈에 그리던 40평대 아파트를 낙찰받게 되었다. 서울 은평구 갈현 동의 총 300세대 규모의 작은 아파트 단지였지만 바로 앞에 전철역이 있고, 북한산 조망도 좋았다. 실수요자들에겐 꽤 인기 있는 아파트다. 낙찰받을 당시 시세보다 5,000만 원가량 저렴하게 샀기 때문에 선배는 더할 나위 없이 기뻤다.

그런데 문제는 그 이후에 일어났다. 이 선배가 3개월가량 인테리어 공사를 했는데 집에 가 보니 난리가 아니었다. 그야말로 휘황찬란했다. 현관 입구는 카페, 거실은 중세시대 느낌, 주방은 바(BAR), 초등학생 아들 방은 로봇기지, 딸은 공주의 성, 부부침실은 호텔 스위트룸 같은 분위기를 풍겼다. 인테리어 비용은 대략 5,000만 원. 싸게 산 만큼 인테리어에 투자한 것이다. 인테리어 자재를 직접 구매하고 최대한 사람을 적게 써서 공사했기 때문에 그 정도였지 업체에 맡겼다면 최소 7,000~8,000만 원 이상은 지출해야 나올 그런 수준이었다.

참 대단하다는 생각이 들었지만 한편으로 어이가 없어서 선배에게 물었다. "형 이 집에 평생 살 겁니까?" 했더니 "아니 몇 년 있다가 팔아야지~" 하고 말한다. 그 대답을 듣는 순간 '아, 5,000만 원 떡 사 먹었구나'라는 생각이 들었다.

이 선배는 아파트를 팔 때 분명 자기가 들인 노력과 비용을 생각해서 매각가격을 책정할 것이다. 하지만 아무리 비싼 값을 들여 인테리어를 했다 하더라도 그 비용을 그대로 인정해주는 경우는 드물다. 사람마다 취향이 다르기 때문에 자기 눈엔 좋고 고급스럽다 하더라도 다른 사람도 그렇게 받아들일 거라 보장할 수 없다.

부동산을 잘 팔기 위해서는 수요층이 두터운 물건을 선택해야 한다. 소수의 마니아층이 찾는 부동산은 제때 팔기도 어려울 뿐더러 제값 받기도 쉽지 않다. 위 사례의 선배가 사는 아파트의 수요층은 대다수가 50~60대 이상의 사람들이다. 나이 든 사람들이 그런 집을 좋아할 리는 만무하다.

부동산을 살 때 신경 써야 할 것이 있다. 관리가 용이한지, 매각은 쉬운지를 반드시 따져봐야 한다. 관리가 어렵거나 관리비용이 지나치게 많이 들거나 매수자를 구하기 힘든 물건은 보유기간 동안 이러한 단점을 해소할 수 있는지 따져보아야 한다. 거듭 말하지만 부동산투자의 성공 여부는 최종 매각에 의해 결정된다.

03 투자 대상 확인하기
:일석이조의 현장조사 활용법

　다른 사람은 어떨지 몰라도 나는 부동산투자 과정 중 현장답사가 가장 즐겁다. 역마살(?)이 끼어서인지 전국 방방곡곡 안 가본 데가 없을 정도다. 경매를 처음 배울 때도 지도 한 장 들고 여기저기를 다녔는데 그 일이 그렇게 재미있을 수 없었다.

　부동산투자를 배우기 위해 전문가가 쓴 재테크 서적을 읽거나 유명 강사의 강의를 듣기도 한다. 어떤 이는 인터넷이나 방송을 통해 관련지식을 습득하게 되는데, 이런 것이 적성에 맞지 않고 재미가 없어서 중간에 포기하는 사람도 많다. 초보자들은 이론적 지식을 채우기 위해 책을 사 읽거나 학원을 다니며 공부를 하게 된다. 그런데 학창시절에도 공부와 담을 쌓고(?) 지낸 사람의 경우 이런 일이 힘들게 느껴질 것이다. 이들에겐 차라리 처음부터 현장에 나가 보는 걸 권하고 싶다.

부동산투자에서 현장만큼 중요한 것이 없다. '모든 해답은 현장에 있다'는 이 말은 부동산투자에서도 변하지 않는 진리다. 아무리 투자의 고수라 하더라도 현장을 모르면 투자에 성공하기 어렵다. 현장답사에는 고수와 초보자의 차이가 없다. 많이 아는 사람이 고수다. 나 역시 투자 물건을 찾아 현장답사를 가게 되면 부동산의 '부'자도 모르는 현지 사람들에게 많은 자문을 구하고 도움을 얻는다. 그분들은 부동산투자나 경매에 대해서 아무것도 모르지만 그 지역에 대해 내가 모르는 여러 가지 정보와 내막을 들려준다.

지인들 중 간혹 전화로 권리분석에 대해 물어보고는 대화 말미에 꼭 하는 말들이 있다.

"매번 신세를 지네요. 저는 언제쯤 권리분석을 남한테 물어보지 않고 입찰할 수 있을까요?"

이 말을 듣고 내가 해주는 대답이 있다.

"지금도 충분합니다. 쉬엄쉬엄 공부하세요."

진심이다. 사실 나에게 권리분석을 상담해오는 사람 중 부동산 고수들이 상당수다. 오히려 내가 그분들의 투자기법을 간접적으로 배우는 경우가 많다. 이들은 자신이 살고 있거나 관심을 갖고 있는 지역에 대한 부동산 정보를 속속들이 꿰고 있다. 시세, 매물, 분양정보 그리고 각종 개발계획이나 현재 추진 중인 사업들까지. 이런 정보들은 투자의 핵심이다. 이런 정보만 잘 이용해도 돈 버는 데 지장이 없다. 하지만 이런 정보는 가만히 앉아서 얻을 수 있는 건 아니다. 열심히 현장에서 뛰어야만 얻을 수 있는 정보들이다. 이처럼 '현장조사'는 부동산투자에서 결코 빼놓을 수 없는 매우 중요한 절차다. 이왕 하는 거 재미있게 즐기며 하는 방법을 알아보도록 하자.

첫째, 취미를 활용하라.

개인적으로 맛집 찾아다니는 것을 좋아한다. 내가 일하는 사무실은 용산구 한남동으로 이태원과 가깝다. 서울 시내 중에서도 '먹을거리'로는 절대 뒤지지 않는 지역이다. 하지만 막상 점심식사를 하려면 먹을 게 없다. 피자, 스파게티, 스테이크, 태국음식 등 소위 마니아가 좋아하는 음식들이 주류를 이룬다. 김치찌개나 설렁탕을 먹기 위해 일부러 종로나 명동까지 점심을 먹으로 가기도 한다. 남들이 들으면 다들 의아해할 테지만 현실이다. 물론 지극히 개인적인 성향이겠지만, 한 끼 식사를 위해 1만 원 이상 밥값을 지불했는데 맛이 없으면 기분이 상한다. 변명을 하자면 이렇다. 한 끼 식사로 5,000~6,000원을 지불하는 것은 특별히 맛은 없어도 한 끼 때운다는 의미로도 볼 수 있다. 하지만 1만 원 이상 지불하는 금액에는 나름 맛에 대한 기대가 반영된다. 흔히 '먹고 살기 위해 일한다'는 말처럼 나는 '먹고 살기'가 그만큼(?) 중요하다. 그래서 부동산 현장조사를 위해 다른 지역을 갈 때면 반드시 맛집 투어를 병행해서 일정을 잡는다.

다른 지역으로 현장답사를 떠날 때, 부동산 정보 못지않게 챙기는 것이 맛집에 대한 정보다. 요즘은 인터넷으로 검색하면 웬만한 맛집은 빠짐없이 나온다. 다만 업주가 올린 광고성 글 때문에 맛없는 음식점이 맛집으로 둔갑해 있는 경우가 종종 있다. 따라서 소개된 맛집 중 진짜 맛집을 찾아내는 수고는 스스로 감내해야 한다.

어쨌든 나는 현장답사를 통해 맛집 탐험을 병행하는 것이 업무를 즐기는 중요한 이유 중 하나이다. 지인 중 한 사람은 시골 5일장 구경을 그렇게 좋아할 수가 없다. 때문에 이분은 지방에 땅을 보거나 현장답사를 할 때 웬만하면 그 지역의 5일장이 서는 날을 골라서 현장을 간다. 지역마다 조금씩 차이는 있으나 우리나라 재래시장은 대부분이 5, 10일이거나 4, 9일에 맞춰 5일장이 열린다. 이 외에도 쇼핑을 좋아하거나 캠핑, 낚시, 여행 등 본인의 취미에 맞춰 현장답사를 병행한다면 부동산투자가 훨씬 더 재미있을 것이다.

둘째, 지역정보를 미리 검색해라.

남자라면 연인과 데이트 또는 가족여행을 갔다가 준비가 충분치 않아 우왕좌왕하는 바람에 구박을 당한 경험이 한 번쯤 있을 것이다. 부동산 현장조사 역시 마찬가지다. 무턱대고 주소만 가지고 현장에 갔다가는 제대로 살피지도 못하고 중요한 사항을 빼먹기도 한다. 현장을 찾기 전에 인터넷이나 관련 서적을 통해 그 지역에 대한 정보를 꼼꼼히 확인하고 떠나는 것이 좋다.

요즘은 인터넷이 발달돼 있어서 간단한 검색만으로도 다양한 정보를 얻을 수 있다. 물건지와 전철역 사이의 거리는 얼마나 되는지, 주변에 백화점이나 대형마트는 있는지 등 교통, 편의시설, 관공서 위치 등 다양한 정보를 확인할 수 있다.

미리 파악한 지역정보를 통해 실제 현장에 가면 어느 경로를 이용할 것인지, 중점적으로 조사할 사항은 무엇인지 등 움직이는 동선과 핵심 체크사항을 미리 준비한다. 예를 들어 원룸이나 아파트 같은 주거용 물건에 대한 조사를 나선다면 주거와 관련된 편의시설을 먼저 살펴야 한다. 지하철이나 버스노선, 학교, 병의원, 대형마트 등 생활편의시설 그리고 생활에 필요한 관공서, 주거 쾌적성 등을 중점적으로 알아봐야 할 것이다.

이처럼 투자 물건의 종류와 위치를 기초로 해서 중점적으로 봐야 할 것은 무엇인지, 현장답사의 시간과 동선은 어떻게 정하는 게 좋을지 등을 미리 확인하고 이에 맞는 답사계획을 잡으면 훨씬 효율적이고 재미있는 현장조사가 될 수 있다.

셋째, 좋은 사람과 동행하라.

'어디를 가느냐가 아니라 누구랑 가느냐가 더 중요하다'는 말이 있듯이 현장답사도 누구랑 가느냐가 매우 중요하다. 나는 원거리 답사를 떠날 때 그 지역 출신이나 지역에 정통한 사람을 대동하는 경우가 많다. 또 물건의 종류에 따라서는 그 물건에 대한 경험이나 관련지식이 많은 사람과 동행한다.

소개팅이나 맞선을 볼 때 다른 사람과 함께 나타나는 사람이 있다. 경우에 따라서는 상대방에게 실례가 되기도 한다. 하지만 당사자 입장에서는 제3자를 통해 자기와는 다른 관점의 의견을 교환함으로써 더 나은 판단을 할 수 있도록 좋은 의견을 제공받기도 한다.

부동산도 마찬가지다. 제아무리 투자 경험이 많다 하더라도 그날의 기분이나 상황에 따라 중요한 부분을 놓치기도 한다. 현장조사를 통해 물건을 확인할 때에는 되도록 나 이외에 다른 전문가 또는 해당 물건이나 그 지역에 정통한 사람과 함께 물건을 보고 의견을 교환하는 것이 좋다.

주의할 것은 현장답사의 주된 목적은 투자대상 물건을 눈으로 직접 확인하고 현장을 살펴 투자의 적절성 여부를 판단하는 것이다. 그저 놀러 가는 것이 아니라 일을 하러 간다는 것임을 잊어서는 안 된다.

04 경매의 하이라이트
:입찰과 명도

구슬을 꿰느냐 못 꿰느냐를 결정짓는 가장 중요한 절차가 입찰이다. 물건이 아무리 좋으면 무엇 하랴! 입찰에서 떨어지면 말짱 도루묵인 것을. 경매에서 가장 아쉬운 점이 바로 이 부분이다. 입찰에 참가해본 사람들은 알 것이다. 떨어지고 난 뒤의 허탈함을. 하지만 경매는 냉정하다. 아무리 물건이 좋고 탐나도 입찰에는 냉정하게 임해야 한다. 초보자들이 입찰할 때 주의해야 할 몇 가지를 정리해보자.

첫째, 자금계획이 먼저다.

내가 감당할 수 있는 수준의 물건이어야 한다. 욕심나서 덜컥 낙찰을 받았으나 잔금을 못 맞춰서 재경매에 나오는 물건이 부지기수다. 입찰을 하기에 앞서 입찰보증금과 잔금납부는 어떻게 할지를 미리 정해놓아야 한다. 그리고 소유권이전에 필요한 비용이나 이사비, 기타 추가비용까지 면밀히 계산하여 자금을 준비해야 한다.

일단 낙찰받고 나면 어떻게든 해결되겠지 하는 막연한 생각으로 경매에 임했다가는 낭패당할 수 있다. 낙찰받고도 잔금을 제때 납부하지 못하면 입찰보증금은 법원으로 몰수된다. 즉 수천만 원의 계약금을 한순간에 날릴 수 있다.

둘째, 입찰 상한선을 미리 정해라.

경매법정에서 개찰을 지켜볼 때면 가끔 어이없는 광경을 목격하게 된다. 시세보다 비싸게 낙찰을 받아놓고는 1등 했다며 쾌재를 부르는 모습을 보면 참으로 안쓰럽다. 경매에 참가하는 가장 큰 이유는 부동산을 싸게 사기 위해서다. 다시 말해 시세보다 싸지 않으면 굳이 경매를 할 이유가 없다.

'승자의 저주'에 걸리지 않으려면 입찰금액을 정할 때 철저하게 급매물 이하의 금액으로 입찰가를 정해야 한다. 입찰법정의 분위기에 휩싸여 무리하게 입찰금액을 써내났다가 후회하는 사람들이 간혹 있다. 다시 말하지만 경매의 최종 목표는 입찰에서 1등을 하는 것이 아니라 낙찰을 받고 난 이후에 수익을 남기는 것이다.

셋째, 시세와 통계를 최대한 활용하라.

아무리 경매고수라도 입찰가를 정할 때는 항상 고민스럽다. 몇 명이 입찰할시, 누가 얼마를 쓸지는 누구도 알 수 없기 때문이다. 이처럼 보이지 않는 경쟁자를 상대로 입찰금액을 정하고 최종 승자가 되는 것은 결코 쉬운 일이 아니다. 때문에 입찰금액을 정하기 위해 가장 먼저 해야 할 것은 시세파악이다. 물건지 주변의 중개업소 2~3곳을 방문하여 시세는 얼마인지, 급매물의 가격수준과 시세동향, 거래 빈도수 등을 꼼꼼히 체크해야 한다. 또 국토부에서 제공하는 실거래내역을 검색하여 최근 거래된 매매사례와 전월세 시세를 확인하여 입찰할 물건의 가치를 본인 나름대로 평가해야 한다. 가격에 대한 조사가 모두 끝나면 대법원이나 경매사이트를 통해 최근 6개월 동안의 경매통계, 즉 동일한 물건의 입찰 경쟁자 수와 낙찰가율을 확인하고 이를 종합하여 입찰가격을 정하면 된다.

명도의 핵심은 채찍과 당근

낙찰을 받고 나면 또 다른 숙제가 있다. 바로 '명도'다. 명도란 주택이나 상가를 점유하고 있는 사람을 내보내는 일을 말한다. 일반 매매를 통해 부동산을 사면 매도자가 잔금을 수령함과 동시에 집을 비워주기 때문에 자연스럽게 명도가 이루어진다. 하지만 경매는 집주인이나 임차인의 의지와 상관없이 강제적으로 매각이 이루어지기 때문에 자발적인 명도가 이루어지지 않는다. 때문에 경매 초보자들이 명도에 큰 부담을 갖기도 한다. 하지만 명도 역시 경매의 중요한 절차 중 하나이며 명도를 빼고는 경매를 논할 수 없다. 억지로 사람을 내쫓는 일이 초보자에겐 여러 모로 부담이 될 수 있지만, 어차피 사람 간의 일이라 막상 부딪히고 보면 생각만큼 어려운 일은 아니다.

'노력해도 낙찰받지 못하는 물건은 있어도, 명도가 안 되는 물건은 없다.'

이것이 나의 지론이다.

명도에서 가장 중요한 것은 칼자루를 놓지 말아야 한다는 것이다. 낙찰자는 항상 명도에서 우월한 위치에 있다. 즉 법적으로든 심리적으로든 낙찰자는 항상 '갑'의 위치에 있기 마련이다. 따라서 절대 주눅 들거나 기죽을 필요가 없다.

가장 이상적인 명도는 채무자나 임차인에게 적당한 이사비를 주고 자진해서 나가게 하는 것이다. 간혹 '협조도 하지 않고 속만 썩이는 사람들에게 굳이 이사비를 줘야 하나?' 생각하는 사람이 있다. 하지만 그 사람들의 안타까운 사정을 헤아려 그 정도의 관용은 베풀기를 바란다. 어차피 싸게 낙찰받았는데 몇 백만 원 아끼자고 야박하게 굴 필요는 없다. 그리고 끝까지 대립하다 보면 결국 입주 시기만 늦어지고 집행비용까지 지출하게 된다. 강제집행을 하면 점유자 역시 빈손으로 쫓겨나는 험한 꼴(?)까지 당하게 되므로 서로를 위해서도 원만한 합의가 최상이다.

문제는 합의까지의 도달 방법이다. 채무자나 임차인은 이유 여하를 막론하고 낙찰자를 적대적으로 대하는 경우가 많다. 따라서 합의하는 과정에서 '채찍과 당근'을 적절히 이용해야 한다.

잔금납부를 하면서 무조건 인도명령을 신청하고 강제집행 절차를 밟아나가야 한다. 동시에 합의를 유도하는 것이 바람직하다. 즉 낙찰자 입장에서는 일단 최대한 호의를 베풀겠으나 무리한 요구와 비상식적인 행동을 하면 법대로 할 수밖에 없다는 것을 확실히 인지시켜주는 것이다. 물론 처음부터 호락호락하지는 않겠지만 주변 사람들이나 법률전문가들에게 자문을 받고 나면 대부분 낙찰자의 제안을 수용하게 된다.

그럼에도 불구하고 여전히 명도가 부담스럽다면 아예 명도를 하지 않아도 되는 물건을 선택해서 입찰하는 방법도 있다. 즉 임차인이 전세금을 100% 회수하는 주택이나 점유자가 없는 토지 등을 낙찰받는 것이다. 이런 경우에는 별다른 어려움 없이 부동산을 인도받을 수 있다. 임대차기간의 만기가 지난 임차인이 보증금을 돌려받기 위해 직접 경매를 신청하였거나 경매로 주인이 바뀌더라도 피해가 전혀 없는 세입자라면 굳이 낙찰자에게 비협조적이거나 억지를 부리는 일이 없기 때문이다.

05 성공투자의 완성
:임대와 매각

　'성공적인 투자'를 결정짓는 것은 결국 얼마나 좋은 조건으로 임대 또는 매각을 하느냐 하는 것이다. 물건을 골라 낙찰을 받고 깔끔하게 명도를 끝냈다 하더라도 임대나 매각이 해결되지 않으면 결국 실패한 투자가 될 수밖에 없다. 더 나은 수익을 낼 수 있는 임대 또는 매각 기법에 대해 살펴보자.

좋은 임차인 구하는 노하우

임대는 주택이나 상가를 빌려주고 그 대가로 일정한 금액의 돈을 받는 것을 말한다. 수익률은 투자금액 대비 매월 또는 매년 어느 정도의 이익이 나는지를 백분율로 나타내는 것이다. 예를 들어보자. 총 매입비용 1억 원인 오피스텔을 보증금 1,000만 원에 매월 60만 원씩 세를 받기로 하는 임대차계약을 체결했다고 하자. 이 오피스텔의 실제 투자금은 9,000만 원(매입비용 1억 원−보증금 1,000만 원)이고, 연간 총 월세금액은 720만 원(60만 원×12개월)이 된다. 수익률로 계산하면 720만 원÷9,000만 원×100=8%. 이것이 오피스텔의 연간 수익률이다(편의상 세금 등 기타 비용은 무시). 부동산의 수익률이 좋다, 나쁘다 하는 기준은 시중 은행의 예금금리다. 은행에 맡긴 돈은 전쟁이나 특별한 국가적 재앙이 없는 한 매우 안정적이다.

투자자들은 적지만 안정적인 은행에 예금을 할지, 아니면 다소 위험 부담이 있더라도 고수익의 다른 상품(증권, 펀드, 부동산 등)에 투자할지를 결정하게 된다.

부동산은 보유기간 동안 월세를 받다가 나중에 부동산을 처분하면 시세차익까지 챙길 수 있다. 즉 '두 마리 토끼 사냥'이 가능하다. 하지만 이 두 마리 토끼를 잡기 위해서는 먼저 내가 보유한 부동산에 대해 '꾸준히 월세를 낼 수 있는 임차인'이 있어야 한다. 아래는 내가 수년 동안 임대사업을 하면서 느낀 점들이다. 참고하기 바란다.

첫째, 임차인의 심성이 중요하다.

임대차계약은 건물주와 임차인의 거래인 동시에 하나의 약속인 만큼 서로 신뢰가 중요하다. 약속을 잘 지키지 않는 사람은 좋은 임차인이 될 수 없다. 월세를 제때 내지 않거나 성실하지 못한 사람은 피해야 한다. 물론 임차인 입장에서는 영업이 잘 안 돼 불가피하게 월세를 못 내는 경우도 있다. 하지만 실제 임대업을 하면 영업은 잘되는데도 상습적으로 월세를 늦게 내는 사람들을 종종 보게 된다.

그럼 과연 신뢰할 수 있는 성실한 임차인은 어떻게 구분할 수 있나? 세 들어올 임차인은 대부분 처음 접하는 사람인데 월세를 제때 잘 낼지, 성실한 사람인지를 어떻게 알 수 있다는 말인가?

물론 쉽지 않다. 그래서 나는 중개업소에서 사람을 추천하면 이런 제안을 한다. 일단 그분을 먼저 만나게 해달라. 대면한 후 서로 세부조건이 마음에 들면 월세를 5~10% 정도는 깎아주겠다고 말한다. 사실상 면접을 보는 것이다.

물론 그 전에 중개업소를 통해 그 사람의 대략적인 성품이나 장사 경험 등에 대해 미리 파악해둔다. 최종적인 결정은 직접 만나서 한다. 이렇게 해서 임대차계약을 맺으면 100%는 아니지만 70~80% 이상은 내 판단이 맞아 떨어진다.

둘째, 아는 사람과의 거래는 더욱 신중해야 한다.

간혹 지인들에게 세놓는 경우가 있다. 아는 사람이라 편하게 생각하고 임대를 주는데 결국은 두 부류로 나눠진다. 아는 사이기 때문에 더욱 신뢰를 지키고 조심하는 사람이 있는가 하면 너무 편하게 생각한 나머지 적당히 대충 넘어가려는 부류가 있다. 임차인이 가까운 사람인 경우의 문제점은 월세를 제때 내지 않거나 분쟁거리가 생겼을 때 계약을 해지하거나 법적인 조치를 취하기가 현실적으로 어렵다는 점이다. 그렇기 때문에 지인과의 거래는 더욱더 신중해야 한다. 자칫 잘못하면 사람 잃고 돈도 잃는 수가 있다.

셋째, 처음 1년이 중요하다.

세를 놓고 1년 정도 지켜보면 임차인의 성향이 대부분 파악된다. 사소한 문제가 생겨도 사사건건 집주인에게 전화하는 사람, 상습적으로 월세를 하루나 이틀씩 늦게 입금하는 사람, 집을 엉망으로 사용하는 사람 등 임차인의 본래 성향이 드러난다. 따라서 1년간을 잘 지켜보고 임차인의 성향이 파악되면 이를 고려해서 다음 계약을 대비해야 한다. 계약 만기가 도래했을 때 임차인의 재계약 요구를 수용할 것인지 아니면 하루빨리 내보내고 다른 사람으로 교체할지 미리 마음의 준비를 하는 것이다.

넷째, 특약사항을 꼼꼼히 챙겨야 한다.

계약서를 작성할 때는 대부분이 부동산중개업소를 통해 보증금과 월세, 임대차 기간을 정하여 서면으로 작성한다. 임대인과 임차인 사이에 작성된 계약서는 추후 분쟁이 생길 경우 중요한 판단 기준이 된다. 따라서 처음 계약서를 작성할 때부터 내용 하나하나를 신중하게 살펴야 한다. 혹 임대차 기간 중에 발생할 수 있는 여러 가지 사안에 대해서는 미리 협의하여 처리방안을 서면으로 명시해놓아야 한다. 이런 내용은 주로 계약서를 작성할 때 특약난에 표시를 하게 된다. 특약이란 말 그대로 '특별히 따로 정한 약속'을 말한다. 부동산 임대차계약에서 자주 이용되는 특약사항은 아래와 같다.

1. 월세는 선(후)불이며 부가세는 별도로 한다.

2. 임대차 기간 중 관리비 등 제세공과금은 임차인이 부담한다.
3. 임대차 기간 만료 후 재계약을 할 경우 보증금과 월세는 각 O%씩 인상히기로 한다.
4. 임차인이 설치한 시설이나 인테리어는 만기 시 철거하고 원상회복하기로 하며 그 비용은 임차인이 부담한다.
5. 시설비나 권리금에 대해서는 임대인이 관여하지 않기로 한다.
6. 차임(월세)를 제때 지불하지 않으면 이에 대한 연체료는 연 20%로 계산하여 일일 계산한다.
7. 차임을 2회(또는 3회) 이상 연체하면 계약기간에 상관없이 임대차 계약을 해지할 수 있다.
8. 임대인은 임차인의 편의를 위해 자동차 1대의 주차공간을 확보 제공한다.
9. 임대인은 임차인의 애완동물 사육에 동의한다(또는 임차인은 애완동물을 사육하지 않기로 한다).
10. 입주 전까지 임대인은 도배, 장판, 싱크대를 교체해주기로 한다.

이 외에 서로의 특별한 요구조건이 있으면 미리 협의하여 정해진 내용을 계약서에 명시해놓아야 추후 갈등을 줄일 수 있다.

부동산을 잘 파는 방법
부동산투자에선 임대수익도 중요하지만 '투자의 최종 마무리'는 매각을 통한 차익실현이다. 매각 후 얼마를 벌었는가 하는 것이 최종 성적표가 되기 때문이다.

주식이나 다른 금융상품과는 달리 부동산은 단기간에 처분하기가 쉽지 않다. 그래서 부동산을 팔 때에는 전략이 필요하다. 어떻게 하면 부동산을 잘 팔 수 있을까? 부동산 잘 파는 방법을 알아보자.

첫째, 타이밍을 잘 잡아라!

정말 중요한 이야기다. 주식투자를 경험해본 사람은 이 말에 특히 공감할 것이다. 부동산 역시 매각 타이밍이 매우 중요하다. 언제 파느냐에 따라 수천만 원이 차이 날 수 있기 때문이다. 결론부터 말하면 매각 타이밍은 '살려는 사람이 많을 때'이다. 부동산도 수요와 공급의 원칙이 그대로 적용된다. 특히 아파트와 같은 주거용 부동산은 대중의 심리가 많이 작용한다. 신문이나 TV에서 발표되는 정부의 부동산정책이나 금리변동 그리고 가격변동 추이를 예의 주시하라. 그러다가 상승곡선을 타면 적당한 시기의 매도 타이밍을 잡아가면 된다. 다행히 부동산은 주식처럼 분, 초를 다툴 만큼 가격이 급변하지는 않으므로 조금만 신경을 써도 매도 타이밍을 놓치지 않는다. 1년을 기준으로 봤을 때 주거용 부동산은 보통 봄이나 가을 이사철에 매매하는 것이 좋다. 반대로 아파트를 살 때에는 남들이 부동산을 잘 사지 않는 여름 장마철이나 추운 한겨울을 이용하는 것이 좋다. 장마철이나 혹한기에는 사람들이 부동산을 잘 보러 다니지도 않기 때문에 이 시기에 나온 급매물들은 잘만 흥정하면 싸게 구입할 수 있다.

둘째, 보기 좋은 떡(?)이 잘 팔린다.

모 자동차 회사에서 생산된 SUV 차량이 있다. 이 차가 출시된 지 얼마 되지 않았을 때 우연히 시승을 하게 됐다. 5~6시간 동안 지방을 돌아다니면서 직접 운전을 했는데 승차감도 좋고 장시간 운전에도 피로감이 거의 없었다. 소위 말하는 딱 '내 스타일'인 것이다. 나도 조만간 이 차로 바꿔야겠다고 생각했데, 얼마 지나지 않아 마음을 접었다. 이유는 디자인 때문이다. 운전석에 앉아서 운전을 할 때에는 승차감이나 기능이 만족스러웠다. 그런데 막상 길가에 세워진 차를 보자니 디자인이 영 마음에 들지 않는 것이다. 지극히 개인적인 취향일 수 있으나 지인들 중에서도 나와 같은 생각으로 포기한 사람이 꽤 있다.

부동산도 마찬가지다. 특히 아파트나 단독주택과 같은 주거용 부동산은 '첫인상'으로 구매가 결정되는 경우가 많다. 이러한 현상은 초보자에게 더욱 두드러진다. 따라서 부동산을 매각하고자 할 때에는 약간의 투자를 하더라도 아름답게 '치장'을 할 필요가 있다. 치장은 기본적으로 도배, 장판을 새로 하거나 페인트 칠, 싱크대, 화장실 수리 등을 들 수 있다. 형광등이나 집 안의 전등을 약간 밝은 것으로 교체하는 것도 좋은 방법이다. 매수자가 집을 방문했을 때 어둡고 침침한 것보다는 밝고 환한 느낌이 훨씬 호감을 불러오기 때문이다.

주의할 것은 매각을 위한 치장은 돈을 많이 들이거나 지나치게 자기 개성에 맞춰서는 안 된다는 것이다. '평범하지만 깔끔하게' 그리고 가능하다면 '살짝 저렴하게' 하는 것이 좋다.

셋째, 단점을 없애라!

시장에서 과일을 살 때도 흠집이 있거나 포장이 잘못된 것은 싸게 팔린다. 부동산도 마찬가지다. 남들에게 흠집이나 하자가 노출되면 제값을 받기가 어렵다. 매수자와 흥정에서 손해 보지 않고 유리한 위치를 선점하기 위해서는 부동산의 단점을 없애고 장점을 부각시켜야 한다. 부동산의 단점에는 물리적 하자와 권리상의 하자를 들 수 있다. 물리적 하자는 건물에 누수가 있거나 균열, 파손 등을 말하며, 권리상의 하자는 등기부상의 가압류, 가처분 등 타인 간의 금전적 문제나 민사상의 다툼이 있는 것을 말한다. 이러한 것들은 거래 상대방에게 약점으로 작용하여 흥정에서 불리하게 된다. 따라서 부동산의 물리적 하자나 권리상의 하자가 있는 경우에는 이러한 것들을 미리 정리해서 깨끗하게 해놓고 매물을 내놓아야 한다.

넷째, 융통성을 갖춰라!

부동산 거래를 하다 보면 서로의 사정에 의해 이런저런 조건이 더해지게 된다. 거래조건 중에서 가장 민감한 것이 매매금액, 중도금 및 잔금의 지불시기 그리고 세입자와 대출금의 승계 여부 등이다. 그런데 지나치게 경직된 조건을 제시하면 자칫 거래가 깨지는 경우가 많다. 예를 들어 잔금은 반드시 한 달 이내에 지불해야 한다든지, 세입자를 매수인이 반드시 승계해야 한다든지 하는 조건을 내걸고 이에 한 치의 양보도 없다고 하면 이를 수용할 수 있는 상대방을 찾기가 어려워진다. 부동산을 내가 원하는 좋은 금액에 매도하기 위해서는 매수인의 다양한 요구조건을 수용할 수 있어야 한다. 다양한 요구에 능동적으로 대처할 수 있도록 융통성을 갖춰야 된다. 급하게 부동산을 처분하려고 하면 내 사정 때문에 상대방을 배려하기가 어렵다. 때문에 충분한 시간을 가지고 매각을 준비하는 습관이 필요하다.

다섯째, 중개업소를 잘 활용해라.

'중이 제 머리를 못 깎는다'는 말처럼 막상 부동산을 팔려고 하면 생각만큼 잘 안 팔리는 경우가 많다. 이럴 때일수록 인근 중개업소를 잘 활용해야 한다.

변호사사무실과 마찬가지로 부동산중개업소도 사무실별로 전문분야가 다르다. 이왕이면 내 물건과 동일한 부동산을 전문으로 취급하는 중개업소에 매각을 의뢰하는 게 좋다. 예를 들어 내가 팔고자 하는 물건이 아파트면 '아파트 전문 중개업소'에, 오피스텔이면 '오피스텔 전문 중개업소'에 의뢰해야 쉽게 잘 팔린다. 중개업소에 물건을 내놓을 때는 2~3군데를 정해 맡기는 것이 유리하다. 중개업소에 물건을 내놓을 때 간혹 중개업소 사장님들이 자기한테만 맡기면 책임지고 빨리 처리해주겠노라며 '전속 중개계약'을 요구하기도 한다. 하지만 그 중개업소가 능력 있는 곳이 아니면 오히려 부동산을 처분하는 데 더 오랜 시간이 걸릴 수 있다. 때문에 이러한 제안은 신중히 생각해서 결정해야 한다. 거래가 성사되었을 때 지불하기로 하는 중개수수료는 어느 정도 넉넉히 지불하는 것이 좋다. 부동산중개업자도 결국은 '수수료 장사'로 먹고 사는 사람들이다. 비슷한 조건의 매물이 접수됐을 때 수수료를 많이 챙겨주기로 한 물건을 먼저 소개하는 것은 어쩌면 당연지사다. 부동산중개수수료를 복비(福費)라고 하는 데는 다 이유가 있다.

Q&A로 풀어보는 알쏭달쏭한 부동산 상식 ②
계약(부동산중개업소와의 관계, 임대계약, 매매계약)

중개업소와의 관계에 대하여

Q. 친절하고 능력도 있는 중개업소는 어떻게 알 수 있나?

A. 믿을 만한 사람으로부터 소개받는 방법이 있다. 그 지역에서 이사를 자주 다녔거나 부동산 거래 경험이 많은 사람은 자연스레 중개업소를 많이 이용할 수밖에 없다. 직접 경험한 사람으로부터 소개받는 것이 가장 좋다.

소개받을 수 없다면 직접 확인할 수밖에 없다. 한곳에서 오래된 중개업소나 '우수중개업소'로 지정받은 곳이라면 신뢰할 만한 업체로 봐도 된다. 중개업소 간판이 오래돼 빛바랜 것이나 사무실 한쪽에 걸려 있는 사업자등록일자를 통해서도 해당 중개업소의 경력을 확인할 수 있다.

금융기관이나 해당 지자체에서 '우수중개업소' 또는 '모범중개업소'를 선정한 간판이나 표식이 있다면 이 또한 중요한 판단 지표가 될 수 있다. 하지만 무엇보다 중요한 것은 실제 중개업소 담당자의 업무진행 스타일인데, 이는 상담을 하면서 또는 일을 진행하면서 확인해야 한다.

중개업소에 매물을 의뢰할 때에는 2~3군데 업체를 선정하여 전화 또는 직접 방문하여 충분한 상담을 받고 물건을 맡기는 것이 좋다. 물건을 맡긴 이후에도 1~2주 간격으로 진행사항을 체크하면서 수시로 의견을 교환해야 한다.

Q. 중개업자가 과다 수수료를 요구한다. 어떻게 대처해야 하나?

A. 부동산 중개수수료는 해당 지자체의 조례로 정해져 있다. 금액별, 부동산 종류별로 차이는 있으나 중개수수료는 거래금액의 0.2~0.9%다. 정해진 수수료를 초과하여 수수료를 요구하는 것은 법으로 금지돼 있으며 이를 위반했을 경우 업무정지 등의 처벌을 받을 수 있다.

중개업자의 강압에 의해 과다 수수료를 지불하였다면 영수증이나 지불 내역서를 가지고 해당 구청에 민원을 제기해 구제받을 수 있다. 부동산 중개수수료 문제로 분쟁이 생겼을 때는 법원에 민사소송을 제기하는 것보다 중개업소를 관리·감독하는 해당 시·군·구청에 민원을 제기해서 구제받는 것이 현실적으로 가장 빠른 해결책이다. 그다음이 법원을 통한 민사소송이다.

하지만 현실적으로 내가 원하는 조건의 부동산 거래를 위해서는 불가피하게 과다 수수료를 지불해야 하는 경우도 있다. 중개인 입장에서 보면 힘들고 까다로운 물건보다는 거래 성사가 쉬운 물건에 매달릴 수밖에 없기 때문이다. 의뢰인이 자발적으로 수수료를 초과해서 지불하는 것은 문제가 되지 않는다. 중개업자와 거래에서 가장 중요한 것은 서로 간의 신뢰다.

임대계약에 대하여

Q. 부동산중개업소를 거치지 않고 직거래를 통해 임대차계약을 맺을 예정이다. 집주인이 주의해야 할 것은 무엇인가?

A. 집주인 입장에서는 크게 신경 쓸 것은 없다. 다만 계약서를 작성할 때 별도로 약정한 내용이 있으면 이에 대한 이행을 철저하게 신경 써야 한다. 예를 들

어 '잔금일 이전에 근저당을 말소하기로 한다' 또는 '입주 전 도배, 장판 등 집 수리를 해주기로 한다'처럼 계약서를 작성할 때 특약을 맺은 부분에 대해서는 반드시 이행이 되어야 한다. 세입자를 내보내고 동시에 새로운 임차인을 입주 시키는 경우 명도에 특히 신경을 써야 한다. 자칫 약속한 잔금일에 명도가 완료되지 않으면 위약금을 물어줄 수도 있기 때문이다.

Q. 직거래 광고는 주로 어디에 하는 것이 효과적인가?

A. 물건의 종류별, 지역별로 약간씩 차이가 있다. 원룸이나 오피스텔 임대 등 주로 젊은 층을 타깃으로 한다면 인터넷 광고가 효과적이다. 주택이나 지방의 부동산을 매각할 계획이라면 〈벼룩시장〉 등 지역신문에 광고를 하면 된다. 빌딩이나 상가건물 등 비교적 금액단위가 큰 부동산은 비용이 좀 들더라도 경제신문 등 일간지 광고가 효과적이다.

Q. 주택을 임대(전세 또는 월세)했는데 임차인이 불편을 호소하면서 시도 때도 없이 집수리를 요구한다. 이러한 요구에 대해 임대인은 어디까지 수용해야 하나?

A. 집주인(임대인)은 임차인이 '임대차기간 동안 본래의 목적대로 집을 사용할 수 있도록 필요한 조치를 해주어야 한다'. 여기서 필요한 조치란 집에서 먹고, 자고 생활하는 데 장애가 없도록 해준다는 말이다. 예를 들면 천장에서 물이 새거나 보일러가 고장이 나서 정상적인 생활을 할 수 없을 경우가 해당된다. 또는 수도시설이 고장 나 물이 아예 공급되지 않을 때도 마찬가지. 하지만 형광

등이나 전구처럼 일상적인 소모품의 교체는 임대인이 의무적으로 해주어야 할 사항은 아니다. 또 기름보일러를 가스보일러로 교체한다거나 낡은 보일러를 새것으로 바꾸는 것 역시 임대인의 의무사항이라고 볼 수는 없다. 정리하면 반드시 필요한 것은 임대인이 조치를 취해줘야 하고, 단순 소모품의 교체나 현재보다 더 편리함을 목적으로 하는 것은 임대인 의무사항이 아니다.

하지만 실제 임대사업을 하다 보면 임대인과 임차인의 미묘한 입장 차로 인해 다툼이 생기는 경우가 많다. 이런 다툼을 최소화하기 위해서는 계약서를 작성할 때 발생 가능한 사안에 대해 의견을 충분히 조율하여 합의된 내용을 계약서에 상세하게 명시해두는 것이 좋다.

Q. 필요비와 유익비는 어떻게 다른가?

A. 필요비는 반드시 지출해야 할 비용, 유익비는 반드시 필요하진 않지만 좀 더 편리하게(유익한) 만드는 비용을 말한다. 고장 난 보일러를 수리하거나 물 새는 천장의 방수공사, 고장 난 전기의 수리 등은 필요비에 해당한다. 반면 기름보일러를 가스보일러로 교체하거나, 건물에 엘리베이터를 설치하는 것은 유익비에 해당한다. 같은 논리로 임차인의 요구가 필요비에 해당하면 반드시 조치를 취해줘야 하고 유익비에 대한 것은 굳이 들어줘야 하는 것은 아니다.

Q. 임대차계약을 할 때 임대인이 챙겨야 할 준비물은?

A. 신분증, 도장, 등기권리증, 등기사항전부증명서다. 중개업소를 통해서 계약을 하는 경우에는 신분증, 도장 정도만 준비해도 무방하다. 필요에 따라 계약금이

나 월세를 받을 본인 명의의 통장사본, 국세 또는 지방세 완납증명서, 다가구 주택의 경우 먼저 입주한 임차인과 맺은 임대차계약서 등이다.

Q. 아파트 전세를 내놨는데 임차인이 전세자금 대출을 받기 위해 동의서를 요구한다. 동의서를 써줘도 불이익은 없나?

A. 특별히 문제될 것은 없다. 은행에서 전세자금 대출을 해줄 땐 집주인의 동의가 필수다. 은행에서 임차인에게 대출해준 돈은 결국 집주인에게 전달된다. 그런데 이러한 내용을 집주인이 전혀 모르고 있다면 나중에 임차인이 은행 몰래 전세금을 반환받을 수도 있을 것이다. 이런 이유들로 인해 은행에서 전세자금 대출을 할 땐 필수적으로 집주인 동의를 요구하는 것이다.

Q. 중개업자의 소개로 보증금 2,000만 원에 월 150만 원을 받는 조건으로 상가 임대차계약을 맺기로 하고 계약금 200만 원을 입금받았다. 계약서를 작성하기로 한 날 임차인이 변심하여 계약서를 쓰지 않겠다며 기 지불한 계약금 200만 원을 돌려달라고 한다. 계약금을 돌려줘야 하나?

A. 구두상으로 맺은 계약도 당연히 법적인 효력이 있다. 임대인 사정이나 기타 불가피한 사정이 아닌 임차인의 단순 변심이 이유라면 계약금으로 받은 200만 원은 돌려주지 않아도 된다.

매매계약에 대하여

Q. 부동산 매매계약 체결 시 매도인이 챙겨야 할 서류는 무엇인가?

A. 매매계약서를 작성할 당시에는 신분증, 도장을 준비하면 되고, 매매잔금을 받을 때는 인감도장, 등기권리증, 주민등록초본 1부, 부동산 매도용 인감증명서 1부, 관리비 등 공과금 납부영수증, 해당 부동산 열쇠 등이다.

Q. 부동산을 팔기로 하고 매매계약을 체결하였으나 마음이 바뀌어 계약해지를 하고 싶다면 어떻게 하면 되나?

A. 특별한 약정이 없다면 매도인은 계약금의 배액을 상환하고 매수인은 계약금을 포기하면 계약해지가 가능하다. 그러나 중도금이 이미 지불되었다면 원칙적으로 일방 해지는 불가능하다. 중도금을 받고 난 이후에 매도자가 잔금 수령과 소유권이전을 거부하면 매수인은 잔대금을 법원에 공탁한 후 소송을 통해 소유권을 넘겨받을 수 있다. 중도금 지불 이후 매수인이 잔금납부를 거부하는 경우라면 이미 지불한 계약금은 몰수되고 이와 별도로 지연이자 및 손해배상까지 물게 될 수도 있다.

Q. 임야를 팔기로 하고 매매계약을 체결하였다. 계약체결 후 매수자가 측량을 하였더니 토지대장에 표시된 면적보다 실제 면적이 적다면서 대금 감액을 요구한다. 매도인은 수용해야 하나?

A. 원칙적으로는 수용해야 한다. 이런 분쟁을 막기 위해 매매계약을 체결하기 전에 미리 측량을 하거나 계약서에 특약으로 명시해야 한다.

예를 들면 다음과 같다.

'토지대장의 면적과 실제 측량한 면적이 서로 다르면 실제 면적을 기준으로 정산하여 잔금을 지불한다' 또는 '매매계약은 공부상 면적을 기준으로 한다'.

Q. 부동산 매매가 끝나고 나면 매도인이 별도로 해야 할 일은 무엇인가?

A. 서류상 소유권이전과 부동산의 인도가 모두 끝났다면 그다음 매도자가 챙겨야 할 것은 '양도세 자진신고와 납부'다. 양도세신고 납부는 매매대금을 수령한 날이 속한 달로부터 2개월 이내이다. 예를 들어 잔대금을 2017년 9월 5일에 수령했다면 양도소득세 신고납부 기간은 9월을 뺀 2개월 이내, 즉 2017년 11월 말까지가 된다. 1가구 1주택 비과세이거나 양도차익이 없더라도 양도세신고는 꼭 해야 한다.

임대 중인 부동산을 매도한 경우라면 임차인에게 부동산 매도 사실을 알리고 정리되지 않은 공과금이 있으면 이를 정산·처리한다.

주택인 경우 전출신고, 우편물 주소지 변경, 유선(인터넷) 이전신청, 주차스티커 반납, 문패 제거 등이 있다.

성공은 재능과 노력으로 이룩된다. 하지만 재능이 없어도 노력만으로 성공할 수 있는 분야가 바로 부동산경매다. 부동산의 숨겨진 가치를 알아볼 줄 아는 안목은 선천적인 능력이라기보다 끊임없는 관심과 꾸준한 노력으로 갖춰지기 때문이다. 다만 남들보다 더 빨리 그 길을 올라설 수 있는 방법이 있다. 나의 일상생활에 부동산에 대한 감각을 장착하는 것이다. 지금부터 그 방법을 소개한다.

똑소리 나는 경매고수의
억소리 나는
투자 마인드 익히기

01 부동산과 친구가 돼라

부동산으로 돈 버는 사람들의 공통점 중 하나는 '부동산을 매우 좋아한다'는 점이다. 사람은 누구나 자기가 좋아하는 것에 애정을 쏟기 마련이다. 부동산 부자가 되기 위해서는 부동산과 아주 친해져야 한다. 부동산과 친해지지 않고는 부동산으로 돈 벌기는 어렵다. 어떻게 하면 부동산과 친해지고 돈을 벌 수 있을까?

첫째, 생활과 연관된 종목에 먼저 관심을 갖자.

지금 자취생활을 하고 있거나 독립을 꿈꾸는 사람이 주로 관심 갖는 것은 오피스텔 또는 원룸 정도가 될 것이다. 오피스텔이나 원룸 건물은 한두 사람이 거주할 수 있는 주거형태로 주로 지하철이나 대중교통의 이용이 편리한 곳에 위치해 있으며 TV, 냉장고, 세탁기, 에어컨, 침대 등 필수품이 집 안에 이미 세팅되어 있다. 옷가지나 개인적인 생활용품만 챙겨 가도 일상생활이 가능한 주거시설이다. 전체적인 인구 감소에도 불구하고 1인가구는 갈수록 늘어나고 있어 이러한 형태의 주거시설의 시장은 더욱더 커질 것으로 보인다.

지금 막 직장생활을 시작했거나 부모님으로부터 독립을 준비 중이라면 오피스텔, 원룸 등에 관심이 많을 것이다. 이런 관심을 좀 더 확대시켜 내 집 마련과 재테크에 적극 활용하는 것은 좋은 예다.

현재 창업을 준비 중인 사람이라면 상가 또는 사무실에 관심을 갖고 꾸준히 공부하여 창업도 하고 재테크도 할 수 있는 방법을 찾을 수 있다. 지금 내가 당면한 현실과 가장 밀접한 부동산에 관심을 가져라. 그리고 이들에 대해 틈틈이 공부하면 언젠가는 이들이 나에게 부를 안겨줄 좋은 인연이 될 것이다.

둘째, 호기심을 가져라.

'저 집은 내부가 어떻게 생겼을까?', '저 집은 얼마나 할까?' 등 매일 다니면서 마주치는 부동산에 관심을 가져보라. 호기심은 관심에서 비롯된다. 우리 주변에는 각종 부동산 정보로 넘쳐난다. 집 근처 중개업소의 매물광고, 길거리 여기저기 걸려 있는 현수막 그리고 여기저기 나부끼는 광고전단지 등 매일 같이 무수히 많은 부동산 정보들과 부딪히며 살아가고 있다. 하지만 사람들은 대부분 그냥 지나치고 만다.

지금 당장 가까운 부동산중개업소에 방문해보라! 그곳에서 얼마든지 다양한 정보와 매물자료를 제공받을 수 있다. 내가 살고 있는 동네에는 언제 지하철이 개통되는지, 재건축은 어떻게 진행되고 있는지, 어떤 매물이 많이 나오고 얼마에 거래되는지 등 그동안 모르고 있던 다양한 정보를 얻을 수 있을 것이다.

부동산중개업소도 내가 사는 동네의 상가 사무실 중 하나이며, 그곳에 근무하고 있는 사람들 또한 동네 이웃 사람들이다. 절대 부담 갖지말고 가볍게 들어가 차 한 잔 얻어 마시면서 이런저런 얘기를 들어보라! 스타벅스, 커피빈에서 비싼 커피 사 먹는 것보다 훨씬 유익한 차 한잔의 여유를 즐길 수 있을 것이다.

셋째, 여기저기 현장을 쫓아 다녀라.

우리가 살고 있는 주변에는 수많은 부동산 현장이 있다. 오피스텔 신축현장, 아파트 모델하우스, 상가분양 사무소 등 우리가 주변에서 쉽게볼 수 있는 것들이다. 이들은 나에게 다양한 경험과 투자기회를 제공해줄 수 있다. 아파트 모델하우스에서는 앞으로 지어질 아파트의 실제 모습을 미리 볼 수 있을 뿐 아니라 아파트 청약방법과 조건 등 평소 몰랐던 분양에 대한 다양한 지식을 쌓을 수 있다. 또 이미 완성된 오피스텔이나 상가를 가 보면 최근 유행하는 옵션이나 건물 구조 등 새로운 트렌드를 접할 수 있다. 이처럼 우리 주변에서 쉽게 접하는 현장 경험들이나에게 부동산에 대한 지식과 안목을 키워주기에 충분한 역할을 한다.

02 자나 깨나 부동산

내가 처음 부동산 경매회사를 다닐 때 일과다.

1. 아침 5시 30분에 일어나 지하철로 출근하면서 부동산 관련 책을
   읽는다. 집에서 사무실까지의 출근시간이 대략 1시간 10분 거리인
   데, 출퇴근 시간에만 1주일에 2권 정도의 책을 읽었다.
2. 사무실에 출근하면 다른 직원들이 오기 전에 부동산 관련 기사를
   전부 읽고 스크랩한다.
3. 업무시간(09시~18시)에는 정해진 경매업무에 매진한다.
4. 퇴근 후에는 대학 사회교육원에서 개설한 부동산 관련 강좌를 수
   강한다.
5. 주말이나 쉬는 날에는 가보지 못한 동네를 여행하며 지역 탐방을

한다.

이 같은 생활을 몇 년 하고 나니 부동산에 대한 기본지식과 수도권 지도의 전체적인 윤곽이 머릿속에 자연스럽게 그려졌다. 그리고 경매 물건 하나하나를 조사하고 입찰 경험을 쌓아가면서 지역별·물건별 특징과 시세가 차근차근 머릿속에 정리됐다.

나는 지방 출신이라 서울의 지리와 생활이 낯설었다. '촌놈'이 서울에서 부동산 영업을 한다는 것은 엄청난 핸디캡이 아닐 수 없었다. 그래서 여기저기 돌아다니면서 동네를 익히고 지역적 장단점을 파악하는 데 많은 시간을 할애했다.

물론 지금은 이처럼 힘든(?) 일정으로 일하지 않는다. 예전에 현장에서 쌓은 경험을 지금도 활용한다. 물건조사를 위해 현장에 가면 '몇 년 전 내가 여기에 어떤 물건을 조사하러 왔으며 그때 무슨 일들이 있었다' 하는 기억들이 주마등처럼 머릿속을 지나가곤 한다.

지금 생각하면 참 창피한 기억이 있다. 2000년 경매일을 막 배우기 시작했을 때 일이다. 경매에 대한 기초 이론을 겨우 익힌, 그야말로 초짜 때다. 전화상담을 하던 와중에 손님이 직장이 뱅뱅사거리에 있으니 출퇴근 거리가 30분 이내의 지역에 있는 빌라를 추천해달라는 것이다. 그때만 해도 서울의 지리는 서초구, 서초동같이 행정구역 단위로만 겨우 숙지하고 있는 정도여서 손님에게 "뱅뱅사거리가 어디쯤 있어요?" 하고 물었다. 결과는 말할 필요도 없었다. 서울 사람이면 누구나 아는

'뱅뱅사거리'조차 모르는 사람이 무슨 좋은 물건을 뽑아주겠는가?

한번은 이런 적이 있었다. 지인이랑 저녁 약속을 하고 강남역 '뉴욕제과' 앞에서 만나기로 했다. '뉴욕제과'는 몇 번 들어본 기억도 있고 해서 강남역에 가면 당연히 쉽게 눈에 띌 것으로 생각했다. 그런데 막상 강남역 사거리에 도착해 보니 아무리 주위를 둘러봐도 '뉴욕제과' 란 건물은 보이질 않았다. 다행히 약속시간보다 여유 있게 도착한 터라 주변의 큰 건물 위주로 '뉴욕제과'라는 간판을 찾아다녔다. 그런데 쉽게 보이질 않았다. 어쩔 수 없이 지나가는 행인에게 물었더니 방금 지나친 건물을 가리켰다. 어이없게도 '뉴욕제과'는 강남역의 으리으리한 큰 빌딩이 아닌 그저 조그만 제과점에 불과했다. 오래전부터 강남역 사거리에 자리 잡고 영업한 탓에 사람들에게 많이 알려져 있고, 지하철 출구에서도 가까워 만남의 장소로 많이 애용되었던 것이다. 지금은 뉴욕제과가 사라졌지만 아직도 강남역 근처를 지나칠 때면 그때의 기억이 난다.

지금도 이때를 생각하면 쥐구멍이라도 숨고 싶을 정도로 얼굴이 화끈거린다. 하지만 이런 창피한 기억 덕분에 더욱더 현장답사를 자주 다녔고 동네를 익혀 이제는 웬만한 서울 토박이 못지않게 서울 지리가 익숙하다.

사람은 누구나 서툴고 실수가 많은 초보시절이 있기 마련이다. 이러한 초보시절을 빨리 극복하기 위해서는 연습이든 실전이든 경험을 많이 쌓는 것이 최선이다. 부동산은 직접 부딪혀가면서 몸으로 익힌 경험이 기억에도 오래 남고 필요할 때 바로 꺼내 쓸 수 있는 나만의 지식이 된다.

'뭐든 미쳐야 잘한다'는 말이 있듯이 부동산 역시 미쳐야 남들보다 더 나은 성과를 낼 수 있다. '남들처럼 적당히' 해서는 더 나은 성과를 내기 어렵다. 미치기 위해서는 자나 깨나 부동산을 생각하고, 부동산을 내 생활의 일부분으로 녹여 넣어야 한다.

다행히 요즘은 워낙 인터넷이나 방송매체가 발달돼 있어서 본인의 의지만 있으면 부동산 정보와 지식을 쌓기가 매우 편리하다. 인터넷에서는 부동산 관련기사만 따로 골라 볼 수도 있고, 부동산 채널을 통해 언제든지 부동산 관련 방송을 편하게 시청할 수도 있다.

자신의 생활패턴을 조금만 바꾸면 누구든 부동산전문가가 될 수 있다. 방법은 절대 어렵지 않다. 오로지 본인의 의지만 있으면 충분히 가능하다.

03 돈 되는 부동산 정보를 찾는 방법

　수많은 부동산투자자를 만났지만, 지금까지도 풀리지 않는 의문이 하나 있다. 바로 '대한민국 아줌마의 감(感)'이다. 상식적으로 생각하기엔 집에서 살림살이를 하는 주부보다는 밖에서 경제활동을 하는 남편이 훨씬 투자를 잘할 것으로 보인다. 하지만 적어도 우리나라에선 남자보다 여자가 부동산투자를 더 잘한다. 정확한 통계자료는 나와 있지 않지만 적어도 내가 만난 사람들은 그렇다. 주식이든 부동산이든 투자에서 가장 중요한 것은 '정보'다. 고급정보를 남들보다 얼마나 빨리 입수하느냐가 투자의 성패를 좌우하기 때문이다. 그럼 우리나라 아줌마들은 과연 투자에 필요한 정보를 어떻게 입수할까?

　지금까지 보자면 '삼삼오오 문화'로 파악된다. 우리나라 여자들은 유독 뭉쳐 다니면서 이야기 나누기를 좋아한다. 커피숍, 음식점, 휴게소 등 어딜 가든 끊임없이 이야기를 나누는 여자들을 만날 수 있다. 물론 연령대별로 대화의 주제는 다르겠지만 아줌마들의 수다를 살짝 엿들어 보면 그 주제는 크게 세 가지로 압축된다. 자식교육, 드라마, 재테크. 이 세 가지가 아줌마들의 주된 대화 재료다. 아줌마들은 끊임없는 수다로 다양한 정보와 투자 비법을 공유한다. 타인의 재테크 경험은 듣는 이에게 강력한 동기부여와 새로운 투자의 기회를 제공한다. 우리나라 아줌마들의 재테크 성공비결은 삼삼오오 뭉쳐 다니면서 서로서로 주고받는 다양한 정보와 경험들이 한 축을 담당하고 있는 것 같다.

부동산투자에서 정보는 매우 중요하다. 아줌마들은 그렇다 치더라도 부동산투자를 꿈꾸는 나머지 우리는 어떻게 정보를 수집해야 할까? 성공의 길로 이끄는 돈 되는 정보는 어떻게 얻을 수 있나?

첫째, 뉴스는 절대 놓치지 마라.

'소문에 사서 뉴스에 판다'라는 말이 있다. 부동산을 사고파는 데 매우 중요한 지침이다. 부동산 구매자를 분류할 때 실수요와 투자수요, 두 가지로 나눌 수 있다. 실수요자는 말 그대로 당장 들어가 살 집이 필요해서 사는 사람. 반대로 투자수요자는 집이 꼭 필요해서 사는 것이 아니라 임대수익이나 매매차익을 목적으로 집을 사는 사람이다. 하지만 과연 부동산을 사는 사람 중 순수한 실수요자는 얼마나 될까? 지인들이 나에게 가장 빈번하게 묻는 질문 두 가지가 있다. 그중 하나가 "언제쯤 집을 사는 것이 좋을까?" 그리고 또 하나는 "어느 동네의 집을 사는 것이 좋을까?" 하는 물음이다. 본인이 필요할 때 자기가 좋아하는 동네의 집을 사면 될 것을 굳이 왜 물어보는 것일까?

이 질문 속에는 "언제쯤 어느 동네의 아파트를 사야 더 많이 오를까요?" 하는 의중이 담겨 있다. 단순히 거주를 위한 집이 필요하다면 언제쯤 사는 시기와 어느 동네를 선택할지에 대해 굳이 나에게 물어볼 필요가 없을 것이다.

이들은 집을 살 수 있는 여력이 이미 갖춰진 상태인데, 이왕이면 집을 마련하고 나중에 수익을 더 많이 남길 수 있는 집을 사고자 하는 욕심(?)이 작용했기 때문이다.

대한민국 사람들은 실수요자라 하더라도 '이왕이면 더 쌀 때 더 많이 오를 만한 집'을 사고자 하는 욕구가 강하다. 이런 고민은 주로 신문이나 TV뉴스에서 부동산 관련 주요 이슈가 발표될 때마다 쏠림현상으로 나타난다. 따라서 이러한 수요를 예측하고 매매 타이밍을 잘 잡기 위해서는 항상 신문이나 TV방송을 예의 주시할 필요가 있다. 언론은 대중을 선도하는 역할이 강하기 때문에 이러한 흐름과 추이를 잘 살피다가 부동산을 사고팔 때 적절히 활용하면 된다. 다시 말해 뉴스는 모르는 정보를 취득하게 하는 역할도 하지만 뉴스를 통해 움직이는 대중의 심리변화 또한 부동산투자에 매우 중요한 지표임을 잊지 말아야 한다.

오늘부터라도 부동산, 경제 뉴스는 하루도 빠짐없이 늘 챙기는 생활습관을 길러 보자.

둘째, 인터넷을 활용하라.

우리나라처럼 인터넷이 잘 발달된 나라가 또 있을까? 활용을 못해서 그렇지 인터넷상에는 우리에게 필요한 모든 정보가 다 있다고 해도 과언이 아니다. 예를 들어 '강남구 압구정동에 있는 현대아파트'의 투자가치를 따져보고 싶다면 우선 인터넷으로 검색해보라. 인터넷 검색창에 '압구정동 현대아파트', 이 두 단어만 쳐도 이와 관련된 수백, 수천 가지 정보가 쏟아져 나온다. 여기에 자기가 특히 궁금해하는 키워드를 하나, 둘 추가해서 검색해보면 불과 몇 시간 만에 이 아파트에 대해 많을 것을 알게 될 것이다. 심지어 이 아파트에 사는 유명 연예인이 누가 있으며 그동안 이 아파트에서 어떤 사건·사고가 있었는지도 얼마든지 알아볼 수가 있다.

인터넷상에는 부동산 관련 다양한 정보가 수없이 많이 실려 있다. 그동안 관공서를 직접 방문해서 확인했거나 돈을 주고 입수하던 다양한 정보들이 이제는 대부분 무료로 실시간 확인이 가능하다. 실생활에서 또는 부동산투자를 하는 데 도움이 되는 인터넷사이트 몇 개를 소개한다.

온나라 부동산정보 통합포털(www.onnara.go.kr)

정부에서 운영하는 부동산 정보 사이트다. 주소만 검색해도 해당 필지의 면적, 토지이용계획, 건축물에 대한 내용 등 거의 모든 부동산 정보를 알 수 있다. 뿐만 아니라 월별 부동산 실거래가 조회, 분양정보, 각종 통계, 부동산정책 및 제도 등 거의 모든 자료를 한눈에 살펴볼 수 있다.

대법원 인터넷등기소(www.iros.go.kr)

인터넷을 통해 부동산, 법인 등기부등본을 열람할 수도, 발급받을 수도 있다. 신청사건의 처리현황, 각종 수수료 등을 확인할 수 있다. 부동산을 거래하거나 내가 세 들어 살고 있는 집의 권리관계가 궁금하면 등기부 등본 열람을 통해 간단하게 확인할 수 있다. 최근에는 주거용 부동산의 확정일자 내역까지 열람이 가능해졌다.

대법원 법원경매정보(www.courtauction.go.kr)

경매접수가 되어 진행되는 경매사건의 일정과 감정평가서, 이해관계인 등 경매진행과 관련된 정보를 확인할 수 있다. 대법원경매정보와 민간 경매정보업체 사이트를 함께 활용하면 경매투자가 훨씬 편리할 것이다. 경매진행 도중 새로운 사실이 추가되거나 변동에 대해서는 대법원의 자료를 참고해야 한다. 어차피 민간 경매정보업체는 대법원의 자료를 옮겨다 쓰기 때문에 시간차가 생길 수 있다.

정부민원포털 민원24(www.minwon.go.kr)

주민등록등본·초본뿐만 아니라 국세, 지방세 완납증명서, 건축물대장 등 다양한 민원서류를 인터넷으로 열람 또는 발급이 가능하다. 특히 주택이나 건물의 불법증축이나 용도변경 등이 의심될 경우 건축물대장을 열람하여 '위법' 여부를 간단하게 확인할 수 있다.

포털사이트 부동산 코너

국내 포털 '네이버'나 '다음' 사이트에서 운영하는 부동산코너에 들어가면 부동산뉴스를 비롯하여 매물정보, 투자정보, 전문가칼럼 등 다양한 정보를 접할 수 있다. 고수들의 재테크 칼럼이나 일반 투자자들의 부동산 체험기는 아직 실전을 경험하지 못한 초보자에게는 유익한 투자 지표가 되기도 한다.

인터넷 카페

포털 사이트를 살펴보면 부동산 관련 카페가 수없이 많은 것을 알 수 있을 것이다. 부동산 경·공매, 재건축·재개발, 아파트, 상가, 토지투자 등 물건별·장르별 그 종류도 각양각색이다. 이 중에서 관심 있는 카페에 가입하면 보다 구체적이고 다양한 정보들을 많이 얻을 수 있다. 주의할 것은 인터넷 카페 회원들을 통해 투자금을 모집하거나 투자를 권유하는 경우가 있는데, 충분히 검증되지 않았거나 안정장치 없는 투자는 절대 하지 말아야 한다.

이 외에도 인터넷을 통해 얻을 수 있는 정보들은 무궁무진하다. 부동산 정보는 곧바로 투자의 성과를 좌우하기 때문에 충분한 노력을 기울여야 한다. 세상에 공짜는 없다. 부동산 역시 투자한 시간과 노력은 절대 사람을 실망시키지 않는다. 요즘은 스마트폰으로도 얼마든지 인터넷 검색이 가능하다. 꾸준히 쌓은 부동산 지식은 내 머릿속에 차곡차곡 정리되어 언젠가는 나에게 투자의 성과와 달콤한 부를 축척할 수 있는 기회를 제공해줄 것이다.

셋째, 현장에 생생한 정보가 있다.

인터넷을 통해 많은 정보들을 손쉽게 얻을 순 있지만, 생동감은 떨어질 수밖에 없다. 때문에 부동산정보 수집은 반드시 현장답사를 병행해야 한다. 제아무리 고소한 향이 나더라도 직접 먹어봐야 맛을 알 수 있듯이 현장에서 직접 눈으로 살펴봐야 물건의 좋고 나쁨을 가늠할 수 있다. 내 눈으로 직접 확인하지 않은 부동산을 섣불리 사서는 안 된다. 부동산은 홈쇼핑 물건처럼 사진을 보며 쇼호스트의 설명을 듣고 즉석에서 구매할 수 있는 상품이 절대 아니다.

부동산은 무조건 현장에 가야 한다. 현장에서 직접 물건을 확인하고 투자에 필요한 다양한 정보를 수집해야 하기 때문이다. 좋아 보였는데 막상 현장에 가 보니 별로인 물건이 있고, 별로인 줄 알았는데 좋은 물건도 있다. 현장에서 느껴지는 분위기 그리고 실제 그 지역에서 진행되고 있는 각종 건축현장, 현지인들의 이동현황 등은 투자의 중요한 포인트가 된다.

한번은 이런 적이 있었다. 서울의 모 여대 앞에 아주 잘 지어진 원룸 건물이 경매에 나와 있었다. 인터넷으로 위치, 사진 등을 자세히 검색해보니 외관도 깨끗하고 학교, 지하철역과의 거리도 채 5분이 안 되는 만점에 가까운 물건으로 보였다.

현장에 방문해 물건을 직접 봤을 때도 마찬가지였다. 하지만 문제를 발견하는 데는 오래 걸리지 않았다. 근처 위치한 대학교 안에서 신축공사가 진행 중인 것이다. 혹시나 해서 들여다보니 아니나 다를까 공사 안내판에는 '기숙사 조성공사'라는 표시가 돼 있었다. 더욱이 불과 10개월 후 준공 예정이었다. 다들 쉬쉬하고는 있지만 기숙사 준공 후에는 주변 임대시장의 타격은 불가피하다. 결국 원룸건물에 대한 입찰은 유보하기로 했다.

넷째, 사람이 정보다.

예전에 비해 많이 줄긴 했지만 아직도 '돈 되는 좋은 땅 사라'는 전화를 자주 받는다. 흔히 말하는 기획부동산의 텔레마케팅 전화인데 요지는 이렇다.

"1급 개발정보를 이용해 회사에서 아주 좋은 땅을 구입해 보유하고 있는데, 당신에게 일부를 싸게 주겠다. 몇 년 만 가지고 있으면 최소 3배 이상의 수익이 나는 물건이다."

웬만한 사람들은 한 번쯤 이런 전화를 받아봤을 것이다. 최근에는 호텔 임대사업에 투자하라는 전화가 심심찮게 오기도 한다.

하지만 이런 전화에 속으면 안 된다. 실제 이런 땅을 산 사람들의 부탁으로 현장을 살펴볼 기회가 몇 번 있었다. 대부분이 맹지이거나 개발조차 힘든 땅을 시세보다 3~4배 이상 비싸게 샀던 것이다.

입장을 바꿔 생각해보자. 정말 싸고 좋은 땅인데 일면식도 없는 사람에게 그렇게 적극적으로 추천하겠는가? 가격이 3~4배나 오르고 대박나는 물건이라면 일단 본인이 사거나 가족이나 친지 등 친한 사람을 먼저 챙기는 게 당연하지 않은가? 그 좋은 물건을 한 번도 본 적 없는 사람에게 추천하는 것은 십중팔구 사기가 틀림없다.

중요한 일일수록 잘 아는 사람을 통하는 것이 좋다. 특히 부동산을 살 때에는 여러 사람에게 자문을 구하고 검증하기를 바란다. 전혀 모르는 사람의 말만 믿기보다는 같은 내용을 가지고 다양한 의견을 구하는 것이 실수를 줄일 수 있다. 믿음직한 중개업자, 건축사, 부동산전문가 등 분야별 다양한 사람들을 통해 정보를 공유하라. 정보를 검증할 수 있는 인적 네트워크는 더욱더 안정적인 부동산투자를 실현시켜줄 것이다.

04 부동산 인맥
만들기

"사람이 재산이다."

부동산업에 종사하면서 참으로 가슴 깊이 와닿은 말이다. 부동산투자는 끊임없는 분석과 검증이 필요하다. 초보자는 인터넷이나 책을 아무리 뒤져도 결론을 내리기가 쉽지 않다. 이럴 때 전화 한 통으로 내 고민을 간단히 해결할 수 있다면 얼마나 좋겠는가?

부동산을 사서 되팔기까지 거치는 사람은 통상 공인중개사, 법무사, 인테리어업자, 세무사 등이다. 공인중개사에게 물건을 소개 받아 계약을 체결한 후 소유권이전등기를 하는 것이 일반적인 취득과정이다. 소유권을 취득하고 난 이후에는 인테리어업자를 통해 도배, 장판을 새로 하는 등 간단한 집수리를 맡긴다. 그러고 나면 다시 공인중개사를 통해 세를 놓거나 매각을 의뢰한다. 임대나 매각을 하면 이에 따른 세금 신고와 납부 의무가 생기게 되는데 이는 세무사가 담당한다.

한두 번 경험해보면 그렇게 어려운 일은 아니지만 대부분 사람들은 부동산거래 경험이 많지 않다. 부동산은 거래금액이 크기 때문에 조그만 실수나 착오로 회복하기 힘든 금전적 손실을 입을 수 있음을 상기해야 한다.

내 사정을 잘 알고 있는 사람이 내가 집을 사거나 투자를 할 때 옆에서 항상 조언해줄 수 있는 전문가라면 얼마나 좋겠는가? 그 분야에 정통한 사람에게 조언을 구하면 시간과 비용을 줄이고 무엇보다 현명한 판단을 하는 데 가장 큰 힘이 된다.

"능력이 안 되면 능력자를 곁에 둬라."

뛰어난 전문가를 곁에 둘 수 있는 능력, 이것 역시 능력이다.

내 이야기다. 간혹 친한 분들과 사석에서 이런저런 얘기를 나누다 보면 자연스레 부동산 얘기를 하게 된다. 최근에 투자한 이야기, 성공담 또는 에피소드 등 다양한 이야기를 나눈다. 그런데 얘기를 듣던 지인이 갑자기 "왜 그런 좋은 물건을 나한테 얘기를 안 했어요?" 하면서 원망하는 말투로 하소연을 하는 경우가 간혹 있다. 그러면 나는 "그 당시 연락이 뜸해서 미처 생각하질 못했네요. 그러니 우리 좀 더 자주 연락하고 만납시다"라며 화답하곤 한다.

나도 사람인지라 정(情)에 얽매일 수밖에 없다. 사무실에 출근하면 특별히 정해진 일정을 제외하면 대부분의 시간을 경매물건 검색에 할애한다. 하지만 모든 물건을 내가 투자할 수는 없는 노릇이다. 투자가

치는 충분하지만 내 돈이 부족해서 또는 나와는 조건이 맞지 않아서 등 이런저런 이유로 건너뛰는 물건도 많다.

그런데 간혹 내가 살 여력이 없는데 그렇다고 남 주기는 아까운 물건이 있다. 이런 경우 자연스럽게 지인들을 떠올린다. 하지만 나도 모르게 순번이 전해진다. 가족이나 친지, 친구 등 나와 친한 순서대로 순번이 매겨지는 것이다. 결국 그 순번대로 물건을 추천하게 된다. 본인들은 모르지만 이런 식으로 집을 장만한 친구나 후배 그리고 부동산투자를 맛본 지인이 꽤 있다. 이들은 내가 신경써준 이상으로 항상 고마워하며 잘살아줘서 일에 대한 보람을 느낀다. 그들은 항상 "네 덕분이다"라고 말하지만 부동산의 임자는 따로 있다. 바로 그들이 임자인 것이다.

꼭 투자를 목적으로 하지 않더라도 우리는 부동산과 분리된 삶을 살 수는 없다. 그렇기 때문에 부동산 관련 인맥은 필수라고 할 수 있다. 공인중개사, 법무사, 경매전문가, 세무사, 건축사, 인테리어업자 등 5~6명 정도의 전문가와 친분관계를 유지하길 권한다. 내 처지를 속속들이 알고 있고, 필요할 때 전화 한 통으로 상담이 가능한 사람은 그 정도면 족하다.

현실적으로 우리나라에서 학연, 지연을 무시하고 살 수는 없다. 주변에 부동산전문가가 없다면 친구나 직장동료를 통해 수소문해보라. 그래도 여의치 않다면 인터넷카페나 동우회를 통해 인적 네트워크를 만들 수 있다. 대학의 평생교육원이나 구청 등 관공서에서 운영하는 부동산 교육프로그램을 신청하는 것도 좋은 방법이다. 간혹 부동산학원이나 컨설팅 업체에서 수강생을 상대로 투자를 권유하는 경우가 있다. 수강생을 상대로 투자를 권유하는 학원에서는 피해사례기 많으므로 주의해야 한다. 하지만 이 모든 것이 여의치 않으면 집 근처 공인중개사 사무실을 틈틈이 방문해보라. 오고 가며 커피 한 잔씩 나누면서 이런저런 얘기를 나누는 것만 해도 든든한 조언을 들을 수 있다.

05 대출도 능력이다

"남의 돈 무서운 줄 알아라!"

어렸을 때부터 자주 듣던 말이다. 그래서인지 나는 아직도 남에게 돈 빌려달라는 말을 잘 못한다. 만약 내가 경매일을 배우지 않았다면 은행 대출도 거의 이용하지 않았을 것이다. 하지만 부동산투자를 하면서 생각이 완전히 바뀌었다. 즉 가장 마음 편히 쓸 수 있는 돈은 바로 은행에서 빌리는 돈이다. 부동산투자를 할 때 가장 필요한 것 중 하나가 은행대출이다.

이해를 돕기 위해 예를 하나 들어보자. 1층 상가를 5억 원에 낙찰받아 보증금 5,000만 원에 월 300만 원으로 세를 줬다(편의상 소유권이전 비용 등 부대비용은 무시하고 전부 자기자본으로 투자했을 때와 은행융자를 활용한 투자를 비교해보자).

자기자본으로만 투자했을 때 연간 수익률

월세×12개월÷실투자금(매입금액−임대보증금)×100

=300만 원×12÷4억5,000만 원(5억 원−5,000만 원)×100

=3,600만 원÷4억5,000만 원×100

=8%

은행융자를 활용했을 때 연간 수익률

(대출금리는 연 3%, 대출금액은 낙찰가의 70%로 가정)

월세×12개월÷실투자금(매입금액−임대보증금−은행대출금+연이자)
×100

=300만 원×12÷8,950만 원(5억 원−5,000만 원−3억5,000만 원
 +1,050만 원)×100

=3,600만 원÷8,950만 원×100

=40%

은행융자금은 매입가의 70%인 3억5,000만 원이고 이에 대한 이자는
연 3%로 적용하면 1년치 이자는 1,050만 원이다. 1년치 월세 3,600만
원에 순투자금액 8,950만 원을 나누면 투자금액 대비 연 수익률은 무려
40%에 이른다.

100% 자기자본만 투자했을 때 연간 수익률은 8%, 매입금액 중 70%

를 대출받았을 땐 연간 수익률이 40%다. 이 글을 읽고 있는 독자들은 자신의 눈을 의심할지도 모르겠다. 하지만 두 번 세 번 다시 계산해봐도 계산은 틀리지 않다.

3,600만 원을 벌기 위해 순수 내 돈 4억5,000만 원을 투자할 것인가, 아니면 은행융자를 활용해 8,950만 원을 투자할 것인가? 여러분은 어느 쪽을 택하겠는가?

설명의 편의를 위해 비현실적인 예를 들고 있다고 생각하는 사람도 있을 것이다. 정확히 2017년 8월 기준으로 수도권 1층 상가 경락잔금 대출 가능금액은 낙찰가의 최대 90%, 연이율 2.9~3.5%로 대출이 실행되고 있다. 취급은행은 기업은행, 농협, 수협 등이다. 이 말이 믿어지지 않는다면 은행에 근무하는 지인들에게 직접 확인해도 좋다.

위 사례에서 보았듯이 부동산투자에서 대출은 필수항목이다. 단순히 돈이 부족해서 대출을 받는다는 생각은 버려야 한다. 대출은 투자금액 대비 수익을 극대화할 수 있는 좋은 도구인 셈이다. 그러나 '대출'의 지렛대를 이용하기 위해서는 반드시 지켜야 할 것이 있다. 바로 철저한 신용관리와 이자상환 능력을 키우는 것이다.

신용관리 잘하는 노하우

은행에서 대출심사를 할 때 가장 중요한 판단기준 중 하나가 돈을 빌리려고 하는 사람의 '신용등급'이다. 현행 신용등급은 보통 1~10등급까지 나뉜다. 1, 2등급은 연체기록이 없고 소득이 높아 신용이 매우 우수한 사람, 3~5등급은 일정한 소득이 있고 대출에 문제가 없는 양호한 수준의 사람이다. 6~7등급은 단기 연체 기록이 있으며 이후에도 연체할 가능성이 있는 사람, 8~10등급은 현재 연체 중이거나 다중의 연체기록이 있어 신용이 불량한 것으로 판단돼 금융권 대출이 어려운 사람이다.

신용등급은 은행에서 대출을 해줄지 말지를 결정할 뿐 아니라 똑같은 담보를 제공하더라도 신용등급에 따라 이자율은 다르게 적용된다. 신용등급은 돈과 직결되기 때문에 신용관리를 절대 소홀히 해서는 안 된다.

많은 사람들이 착각하는 것 중 하나가 빚이 있으면 신용등급이 낮아진다는 것이다. 하지만 이것은 아주 잘못된 상식이다. 입장을 바꿔서 생각해보면 은행 입장에서 어느 사람을 우량고객으로 생각할까? 은행에서 가장 좋아하는 고객은 적당한 대출이 있으면서 이자를 한 번도 거르지 않고 꼬박꼬박 잘 내는 사람들이다. 그렇다고 쓸데도 없는데 대출을 받으라는 이야기는 아니다. 다만 돈이 필요한 일이 생기면 적절히 은행대출을 이용하되, 자신이 감당할 수 있는 정도의 금액을 빌려야 하며, 절대 이자를 연체해서는 안 된다. 하지만 일반 은행이 아닌 캐피탈이나 저축은행의 대출은 신용등급을 떨어지게 할 수 있다. 현금서비스 역시 신용등급에는 마이너스로 작용하므로 되도록 자제해야 한다.

다음은 일상생활에서 신용등급을 올릴 수 있는 방법들이다.
1. 신용카드나 체크카드를 꾸준히 사용하고 제때 결제한다.
2. 급여이체 은행통장을 주거래 은행으로 이용한다.
3. 통신요금이나 아파트 관리비 등 자동이체등록을 한다.

4. 예금이나 적금을 2~3개 들어둔다.

5. 주거래은행 외에도 시중 은행 1~2군데를 더 이용하고 신용카드
역시 2~3개 섞어서 사용한다.

이렇게 하면 신용등급을 좋게 유지하여 대출이 필요할 때 남들보다
더 유리한 조건으로 은행돈을 빌려 쓸 수 있다.

이자상환 능력 키우기

은행의 대출 심사기준은 간단하다. 은행에서는 돈을 빌려줬을 때 그 돈
을 빌려간 사람이 약속한 이자를 잘 내고, 만기 때 원금을 안전하게 돌
려줄 수 있는 사람인지 아닌지를 판단하는 것이다. 은행의 대출담당자
는 돈을 빌리러 오는 사람 개개인을 정확하게 판단할 기준이 필요하다.
때문에 객관적인 입증자료, 즉 직업, 연소득, 신용등급, 담보유무 등을
가지고 대출여부를 판단하게 된다. 하지만 이 모든 기준이 결국은 이자
와 원금을 제때 낼 수 있는지를 가리기 위함이다. 그래서 확실한 부동
산 담보가 있거나 공무원 또는 대기업에 다니는 사람처럼 소득이 확실
한 사람을 선호하게 되는 것이다. 부동산 담보는 추후 원금과 이자를
제때 납부하지 않을 경우 원금과 이자를 회수하기 위한 안전장치이며,
연 소득은 대출기간 동안 이자를 제대로 낼 수 있을지를 판단하기 위함
이다.

예를 들어 내가 소유한 오피스텔로 은행에서 3억5,000만 원의 대출
을 받으려면 최소 다음의 조건을 갖춰야 한다(8.2 부동산대책으로 아파트

는 대출 규제가 복잡하여 편의상 오피스텔을 예로 든다).

첫째, 연체이력이 없고 신용등급이 4~5등급 이상일 것.

둘째, 오피스텔 시세가 5억 원 이상일 것.

셋째, 임차인 없이 오피스텔 전체를 소유자가 점유하며 살고 있을 것.

넷째, 다른 대출이 없고 월 소득 175만 원 이상임을 입증할 것.

현재 시중 은행에서 오피스텔을 담보로 대출을 받을 수 있는 금액은 시세의 70%까지이며, 금리는 연 2.8~3.5%다. 3억5,000만 원을 연 3% 이자로 계산하면 1년간 이자 총액은 1,050만 원이며, 이를 12개월로 나누면 월 이자는 평균 87만5,000원이다. 은행에서는 이자를 꾸준히 낼 수 있는 소득범위를 월수입의 50% 이내로 정한다. 따라서 매월 175만 원 이상 번다는 것이 입증돼야만 대출승인이 가능하다.

이처럼 은행에서 대출을 받을 때는 개인의 '이자상환 능력'이 매우 중요한 판단 기준이 된다. 따라서 은행으로부터 좋은 점수를 받을 수 있도록 평소에 꾸준히 관리를 해야 한다. 대출금에 대한 이자를 갚아나갈 수 있는 능력은 결국 자신의 소득이 충분하다는 것을 입증하는 일이다. 주관적인 의지가 아닌 객관적인 데이터에 대한 관리가 필요하다.

공무원이나 대기업에 근무하는 사람은 국세청의 '소득금액증명원'으로 본인의 소득을 손쉽게 입증할 수 있다. 뿐만 아니라 우량 직업군에 대한 프리미엄 혜택까지도 누릴 수 있다. 반면 자영업지나 소득이 일정치 않은 사람은 좀 복잡하다. 4대보험을 납부하는 직장인의 경우 실제 소득이 투명하게 드러나기 때문에 별다른 문제가 없다. 하지만 자영업자나 비정규직 근로자는 실제 소득과 신고하는 소득이 서로 다른 경우가 많다. 소득 증빙을 위해 은행에 제출하는 서류는 '근로소득 원천징수 영수증'이나 사업자의 '소득금액증명원'이다.

실제 일을 하고 월급은 받는데도 '원천징수 영수증'이 제대로 발급되지 않는 사람은 다른 방법으로 소득을 입증할 수 있다. 3개월치 이상 급여가 이체되는 통장사본이나 급여명세서 그리고 근로계약서나 재직증명서로 대체가 가능하다. 이조차도 없으면 본인의 건강보험료 납부내역서나 신용카드 실적으로 대출심사를 요청할 수 있다. 어쨌든 은행에 제출하는 소득자료들이 은행에서 원하는 지표가 나올 수 있도록 수시로 확인하고 신경을 써야 한다. 간혹 세금을 적게 내기 위해 소득을 축소해서 신고하거나 타인 명의로 급여를 받는 사람이 있다. 이런 사람들은 은행대출을 이용하는 데 부적격 판정을 받거나 남들보다 더 높은 금리를 적용하는 불이익이 있음을 유념해야 한다.

객관적인 소득 자료를 준비하기 어려운 사람은 지출내역으로 소득을 추정하도록 할 수 있다. 예를 들면 신용카드나 체크카드 사용실적이다. 실제 은행에서 대출을 심사할 때 신용카드 결제내역도 심사기준으로 활용한다. 따라서 흔적이 남지 않는 현금결제보다 신용카드나 체크카드 사용을 권장한다. 주의할 것은 결제대금을 연체하거나 현금서비스를 자주 이용하면 오히려 마이너스가 될 수 있다.

'남의 능력을 활용할 수 있는 능력' 또한 나의 능력이다. 부동산투자에서 대출은 필수불가결한 조건이다. 앞서 언급한 것처럼 자기자본만 가지고 투자했을 때와 대출을 활용한 투자수익률은 차이가 엄청나다. 철저한 신용관리는 그것만으로도 훌륭한 재테크임을 잊어서는 안 된다.

06 1부동산 1통장
만들기

내가 정말 못하는 것 중 하나가 '돈 관리'다. 일을 하는 목적이 결국 돈을 벌기 위함인데 어찌된 일인지 돈 관리가 영 힘들다. 꼼꼼하게 가계부를 써가며 알뜰살뜰 살림하는 사람들을 보면 부럽기 그지없다. 이 부분에 대해서는 나도 누군가로부터 좀 배워야겠다는 생각이 들 때가 많다. 그럼에도 불구하고 부동산투자를 하면서 나름 터득한 방법을 알려주려고 한다.

내가 돈 관리 하는 방법은 바로 '1부동산 1통장'이다. 하나의 부동산을 사서 팔기까지는 많든 적든 지출이 있기 마련이다. 따라서 지·출입 내역을 꼼꼼히 기록해놓아야만 나중에 정산을 하거나 세금처리가 편리하다. 그래서 1부동산 1통장을 개설하는 것이다.

방법은 간단하다. 부동산 매입 직후 그 부동산에 대한 돈 관리를 전담하는 통장을 개설하면 된다. 나는 부동산을 살 때 대부분 경락잔금대출을 이용해 잔금을 치른다. 해본 사람은 알겠지만 은행에서 대출을 받으면 당연히 입출금통장과 대출통장 2개가 한꺼번에 만들어진다. 이렇게 확보된 통장을 통해 들어오는 돈과 나가는 돈을 관리한다. 매월 들어오는 임대료나 대출이자를 통장 하나로 관리하기 때문에 따로 장부를 만들지 않아도 통장거래내역만 찍어 보면 한눈에 확인이 된다. 특히 인터넷뱅킹을 이용하면 사용자가 입출금난에 별도로 메모를 하는 기능이 있다. 입금이나 출금에 대해 간단한 메모를 덧붙여두면 나중에라도 무슨 명목으로 돈이 들어오고 나갔는지를 쉽게 파악할 수 있다.

가끔 은행이 아닌 단위농협이나 새마을금고, 신용협동조합에서 대출을 받을 때도 있다. 이들과 거래를 하게 되면 조합원으로 가입하고 출자금 통장도 만들게 된다. 일반 은행과 달리 농협이나 새마을금고는 조합원의 출자금으로 운영된다. 출자금은 일종의 지분을 투자하는 것으로 번외의 소소한 재테크의 재미를 누릴 수 있다. 출자금은 세금우대 혜택과 연간 사업실적에 따라 일정한 배당금도 받을 수 있기 때문이다.

부동산이 하나둘 늘어가고 월세 들어오는 통장 개수가 늘어가면 투자의 재미가 쏠쏠해진다. 하지만 돈은 버는 것 못지않게 관리가 중요하다. 아무리 많이 벌어도 관리가 제대로 되지 않으면 결국 헛고생으로 끝날 수 있다.

부동산은 세금에 매우 민감한 투자상품이다. 오랫동안 부동산을 보유하다 보면 세금계산서나 영수증을 제대로 챙기지 않아 비용을 공제받지 못하는 사례도 빈번하게 발생한다. 분명히 지출한 건 맞는데 이를 입증할 영수증이 없으면 결국 그만큼 손해를 보는 것이다. 이런 이유들로 부동산을 사게 되면 등기권리증이나 임대차계약서, 세금계산서, 영수증, 대출통장 등을 꼼꼼히 챙기고 잘 보관해야 한다.

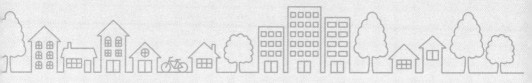

Q&A로 풀어보는 알쏭달쏭한 부동산 상식 ③
대출(은행, 금리, 담보)

Q. 갭투자란 무슨 뜻인가?

A. 갭투자란 전세를 안고 매입하는 것을 의미한다. 매매가와 전세가의 차이가 크지 않은 아파트를 전세를 안고 매입함으로써 최대한 적은 돈을 투자해서 시세 차익을 남기는 투자방식이다. 갭투자는 대출을 안고 투자하는 것에 비해 이자 부담은 없으나 아파트 가격이 하락세로 돌아서면 전세금 반환까지 2중의 부담을 안게 된다.

Q. LTV, DTI, DSR은 무엇을 말하는가?

A. 대출규제와 관련된 용어다.

- LTV(Loan To Value ratio, 주택담보대출비율): 주택을 담보로 해서 대출을 받을 때 자산가치 대비 대출 받을 수 있는 금액의 비율을 말한다. 즉 집값 대비 은행에서 얼마를 대출 받을 수 있는지를 의미한다. 예를 들어 아파트 시세가 5억 원이고 LTV가 40% 적용된다면 이 아파트로 대출 받을 수 있는 최대금액은 2억 원이다.

- DTI(Debt To Income, 총부채상환비율): 총 소득에서 주택담보대출 연간 원리금과 기타 대출의 연간 이자액을 모두 합친 금액의 비율을 말한다. 즉 집을 담보로 대출을 할 때 집의 가치뿐만 아니라 채무자의 총 부채와 이자상환 능력을 고려하겠다는 뜻이다. 예를 들어 연소득이 4,000만 원인데 DTI

40%가 적용된다면 이 사람은 매년 갚아야 할 원리금 상환액이 1,600만 원 이하로 제한된다.

- DSR(Debt Service Ratio, 총체적상환능력비율): 주택대출 원리금을 포함한 신용대출 원리금까지 총 대출상환액이 연소득에서 차지하는 비율을 말한다. DTI는 주택담보대출의 연간 원리금과 기타 대출의 연간 이자액을 합친 것이지만 DSR은 주택담보대출의 연간 원리금에 기타 대출의 연간 원리금 모두를 합친 금액을 기준으로 대출상환능력을 평가한다. 따라서 DSR은 연소득은 동일한데 원리금 상환액이 더 늘어나서 상대적으로 대출규모가 더 축소된다. 예를 들어 5,000만 원 마이너스 대출 통장이 있으면 DTI는 5,000만 원에 대해 연간 이자만 적용하지만 DSR은 원리금 전체(5,000만 원+연간 이자액)를 적용한다는 뜻이다. 즉 정리하면 아래와 같다.

- DTI: (주택담보대출 연간 원리금 상환액+기타 대출 연간 **이자 상환액**)/연소득

- DSR: (주택담보대출 연간 원리금 상환액+기타 대출 연간 **원리금 상환액**)/연소득

정부에서 부동산규제정책을 시행할 때 빠지지 않는 것이 대출 규제다. 위 3가지를 줄이게 되면 부동산을 매입할 때 자기자본 비율이 늘어나 상대적으로 투기수요를 차단하는 효과가 있기 때문이다.

Q. 시세가 5억 원인 아파트를 대출 받아 구입한다면 적절한 대출 규모는 얼마인가?

A. 절대적인 기준은 없다. 그러나 굳이 얘기하자면 대출금은 전체 매입금액의

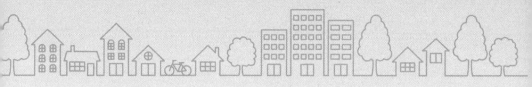

50% 이하로 하는 것이 좋다. 대출금액은 구입목적, 소득수준, 이자부담 능력 등 개인적인 조건에 따라 다르다. 중요한 것은 향후 아파트 가격이다. 좀 무리해서 대출을 많이 받더라도 아파트 가격이 꾸준히 오르면 괜찮지만 반대로 아파트 가격이 떨어지면 문제가 복잡해질 수 있다.

Q. 월급 200만 원의 계약직으로 근무하고 있다. 주거래 은행(국민은행)에서 신용조회를 하였더니 신용등급이 7등급이다. 아파트를 살 때 은행에서 대출을 받을 수 있는가?

A. 신용등급이 7등급이라면 1금융권(은행)에서는 대출이 쉽지 않다. 먼저 주거래 은행에서 대출 상담을 받아보고 힘들다고 하면 새마을금고나 신협 등 제2금융권을 알아보기 바란다.

Q. 부동산을 담보로 대출을 받을 때 근저당 설정 등 부대비용은 어느 정도인가? 또한 이는 누가 부담해야 하는가?

A. 이해를 돕기 위해 아파트를 담보로 1억 원을 대출 받는다고 하자. 은행에서 대출 받을 때 보통 원금의 120%를 채권최고액으로 설정한다. 따라서 근저당 설정 시 채권최고액은 1억2,000만 원이다. 채권최고액을 기준으로 등록세 0.2%, 지방교육세(등록세의 20%), 등기신청 수수료(부동산마다 15,000원), 인지세, 국민주택채권 매입액(설정금액의 1%)이 필수적으로 드는 비용이다. 법무사 수수료 등 근저당 설정에 필요한 금액은 채권최고액 기준으로 대략 0.4% 정도로 이해하면 된다.

과거에는 대출을 받을 때 근저당 설정비 등 부대비용 전부를 채무자가 부담했으나 법 개정으로 설정비는 돈을 빌려주는 은행이 부담하게 됐다. 대신 약정한 기간 이전에 원금을 상환하게 되면 이때에는 돈을 빌려 쓴 사람이 일정액의 중도상환수수료를 부담해야 한다. 중도상환수수료는 대출기간에 따라 잔여원금의 0.5~1.5% 정도 적용한다.

Q. 부동산 담보대출을 받고 수년 동안 상당한 이자를 은행에 납부했다. 부동산을 팔 때 지금까지 납부한 이자도 필요경비로 공제 받을 수 있나?

A. 대출이자는 본인의 필요에 의해 지출된 금액이므로 양도소득세를 신고할 때 필요경비로 인정되지 않는다. 다만 부동산 매매업으로 사업자등록을 하였을 경우에는 대출 이자를 필요경비로 인정받을 수 있다.

Q. 대출을 신청할 때 고정금리와 변동금리가 있는데, 구체적으로 무슨 뜻이며 어느 것이 유리한가?

A. 고정금리는 대출기간 동안 정해진 금리 그대로 똑같이 이자를 납부하는 것을 말한다. 변동금리는 대출 실행 후 수시로 변하는 금리에 따라 납부하는 이자가 달라지는 것을 의미한다. 변동금리는 보통 3개월 단위로 적용한다. 이자 납부 조건에 대한 선택은 돈을 빌려 쓰는 사람이 선택할 수 있다. 대개의 경우 고정금리 조건은 대출 실행할 당시 변동금리보다 약간 비싸다. 따라서 은행금리가 계속 오를 것으로 예상되면 고정금리조건으로 대출을 받는 것이 유리하다. 반면 장기적으로 금리가 낮아질 것으로 예상되면 변동금리 조건으로 대출

을 받는 것이 유리하다.

Q. 이자 내는 날짜를 깜빡 잊고 하루나 이틀 늦게 입금하는 경우가 종종 있다. 이
처럼 이자를 하루나 이틀 연체해도 신용에 문제가 생기나?

A. 신용평점과 점수를 매기는 기준은 연체금액, 연체횟수, 연체기간 모두 포함된
다. 휴일이 아닌 평일을 기준으로 하루나 이틀 연체하는 것도 신용에는 영향
을 미친다. 연체기간이 5일 이내인 경우는 크게 문제는 없으나 연체 횟수가 높
거나 연체기간이 길면 신용등급이 급격히 떨어질 수 있으므로 주의해야 한다.

Q. 신한은행을 주거래 은행으로 이용하고 있다. 그런데 같은 신한은행인데도 지
점마다 대출금리가 다르다. 왜 그런가?

A. 기본적으로 은행도 영리를 목적으로 삼는다. 같은 은행이라도 지점마다 영업
전략이나 지점장 방침에 이자율에는 약간씩 차이가 있을 수 있다. 큰 틀은 은
행 본점에서 정하지만 세부적인 대출조건이나 이자율은 은행지점에 따라 약
간의 차이는 있다. 같은 은행이더라도 실제로 내가 거래하는 지점에서 대출을
이용하는 것이 좀 더 유리하다.

Q. 은행에 대출 신청을 하였더니 보험가입과 신용카드 가입을 권유 받았다. 꼭
가입해야 대출 받을 수 있나?

A. 일종의 영업방식이다. 대출을 하면서 채무자로부터 보험이나 펀드, 신용카드
가입, 자동이체 신청 등 은행의 다양한 상품을 끼워 팔기 위한 전략이다. 불필

요하다면 굳이 응할 필요는 없다. 다만 상품 가입에 따라 대출이자에 대한 혜택을 부여하므로 꼼꼼히 따져서 실익이 있다면 가입해도 나쁘진 않다.

Q. 전원주택을 낙찰받고 경락잔금 대출을 신청하였더니 화재보험을 가입해야 한다고 한다. 화재보험을 꼭 들어야 하나?

A. 부동산 담보대출을 할 때 담보로 제공되는 것은 토지와 건물이다. 토지와 달리 건물은 자연재해나 화재로 인해 파손될 가능성이 있다. 은행 입장에서는 주택이 화재로 소실되면 담보가치가 떨어져 원금 회수가 어려워질 수도 있다. 이를 대비해 화재보험을 가입토록 하는 것이다.

Q. 은행에서 대출을 받아 몇 년째 이자를 내고 있다. 금리를 낮추는 방법이 있다는데 어떻게 하면 되나?

A. 은행대출 이용 기간 중이라도 채무자의 소득이나 신용여건이 개선되면 이를 근거로 금리인하를 요청할 수 있다. 금리인하 요구는 취업, 승진 등 직장이동이나 신용등급 향상, 우수고객 선정, 소득 및 재산의 증가 등 채무자의 상환능력이 개선됐을 때 대출금리를 인하해주는 제도다. 금리인하 요건이 발생하였다면 은행 영업점을 방문해 금리인하 신청서를 작성하고 관련서류를 제출하면 심사 후 금리인하 혜택을 받을 수 있다.

Q. 대출 만기를 며칠 앞두고 갑자기 은행에서 거액의 상환요구를 한다. 어떻게 해야 하나?

A. 일단 만기에 따른 상환요구는 받아들여야 한다. 하지만 대출기간 내에 연체 없이 성실히 이자를 납부했다면 대출기간을 다시 연장할 수도 있다. 은행 입장에서 보면 꼬박꼬박 이자를 잘 내던 사람과의 거래를 굳이 끊을 필요는 없기 때문이다. 은행에서 대출금에 대한 일부 또는 전부 상환을 요구하는 경우는 ①채무자의 연체나 신용하락 ②담보가치의 하락 ③은행 정책 또는 정부 규제로 인한 경우가 대부분이다. 거액의 대출금이 있는 경우라면 만기가 되기 전에 미리 은행의 담당자와 상의하여 혹시 있을지 모르는 대출금 상환이나 조건 변경에 충분히 대비를 해야 한다.

Q. 은행이자를 갚지 못해 경매로 집을 날렸다. 매각대금은 채권자들에게 전부 배당되어 한 푼도 남지 않았다. 이런 경우에도 양도소득세 신고·납부를 해야 하나?

A. 자발적인 매매가 아니라 하더라도 부동산의 매각이 이루어졌다면 반드시 양도소득세 신고·납부를 해야 한다. 부동산을 매입한 금액보다 낙찰금액이 높으면 양도차익에 따른 양도소득세를 납부해야 한다. 채권자에게 배당된 것은 개인 부채를 해결한 것이므로 양도소득세와는 무관하다.

경매시장에서 거래되는 물건 중 거의 절반을 차지하는 것이 주택이다. 수요도 많고, 거래도 활발하다. 또한 집이라는 공간은 부동산 문외한이라도 익숙하고 쉽게 파악할 수 있기 때문에 누구에게나 성공의 가능성이 열려 있다. 하지만 임차인을 잘못 만나거나 시세파악을 제대로 하지 않았을 경우 낙찰받은 주택은 꿀단지가 아니라 애물단지가 되고 만다. 경매에 필요한 주택의 모든 것을 꼼꼼하게 파악해본다.

현장에서 통하는 실전경매
: 주택 공략하기

01 주택의 종류

주택이란 주거를 목적으로 지어진 건물을 말하는데 사람이 먹고, 자고, 쉴 수 있는 공간으로 이루어져 있다. 주택의 종류에는 단독주택, 아파트, 연립, 다세대 등 여러 가지가 있다. 이 책에서는 건축법에서 정한 주택의 분류기준이 아닌, 우리가 일상적으로 통용하는 '주택'에 대해 임대차의 관점에서 설명하기로 한다.

단독주택

흔히 상상하는 마당 딸린 집으로 보면 된다. 땅(대지)을 많이 차지하고 있기 때문에 대부분 고가이며, 임대를 통한 수익창출보다는 땅이 가지고 있는 개별적 특징(면적, 위치, 용도지역, 도로를 접한 정도, 개발가능성 등)에 따라 그 가격과 투자가치가 달라진다. 도심의 경우 단독주택이

점점 사라져가고 있어 희소가치는 나날이 높아지고 있다.

아파트

도시인의 대표적인 주거형태로 자리 잡고 있으며, 선호도가 가장 높다. 대부분이 획일적이고, 표준화된 형태로 이루어져 있다. 아파트가 속한 동네, 주변의 편의시설, 학군, 세대수, 브랜드 등이 가격형성에 상당한 영향을 미친다.

빌라

'다세대'와 '연립주택'을 통칭해서 부르는 말이다. 아파트보다 가격이 저렴하고 관리비 부담이 없어서 경제적으로 약간 어려운 중산층이 많이 선호한다. 빌라는 4층 이하로 지어지며 건축연도에 따라 감가상각이 심한 편이다. 아파트에 비해 주차시설과 편의시설이 부족한 단점이 있다.

오피스텔

주로 한두 사람이 거주할 수 있는 원룸 형태로 지어진다. 보통 1개 동에 100~300세대가량 입주하는데 비교적 주차가 편리하고 저층에는 상가나 근린생활시설이 입점해 있어 생활이 편리하다. 역세권의 상업지역에 지어지며 1인세대나 신혼부부에게 인기가 높다.

원룸주택

대지면적 330㎡ 내외의 토지에 10~20개의 방을 만들어 각각 독립세대가 거주할 수 있는 주택을 말한다. 하나의 공간에 침실과 거실, 주방, 욕실이 모두 갖춰져 있다. 주로 혼자 사는 학생이나 직장인에게 세를 준다. 전철역 주변이나 대학가에 많이 위치하고 있으며, 오피스텔에 비해 가격이 좀 더 저렴한 편이다. 은퇴한 노후세대나 임대사업을 업으로 하는 사람들이 많이 선호한다.

고시원

이름은 '고시원'이지만 실제 거주자는 고시생이 아닌 경우가 많다. 대다수가 직장인이나 학생, 혼자 사는 사람들이다. 오피스텔이나 원룸주택에 비해 임대료가 훨씬 싸다. 주로 상가건물의 1~2개 층을 원룸식으로 꾸며 임대를 놓는다. 잠을 자는 공간을 제외한 화장실, 샤워실, 식당 등은 공동으로 사용하는 경우가 많다. 대부분 보증금을 지불하지 않고 월세를 선납조건으로 계약한다. 1년 이내의 단기간 이용하는 임차인이 대다수다.

고시텔, 원룸텔

고시원을 좀 더 업그레이드한 형태로 보면 된다. 기존 고시원보다 옵션(냉장고, TV, 에어컨, 침대 등)이 더 많이 설치돼 있고, 원룸주택이나 오피스텔과 비슷한 수준의 구조와 옵션을 갖추고 있다. 때문에 고시원보다는 임대료가 좀 더 비싸다.

도심형생활주택

이명박정부 때 극심한 전세난 해소를 위해 등장한 주거 형태다. 역세권에 위치해 있고, 건물 외형은 오피스텔 빌딩과 유사하나 주차장이 협소하여 기계식 주차가 많다. 원룸이 주류를 이루며 2~3개의 방을 갖춘 세대도 있다. 임대사업을 목적으로 한 사람이 5~6채 분양받는 경우가 많다. 대중교통의 이용은 편리하지만 대체로 주차시설이 열악하다.

Tip. 건축법 기준에 따른 주택의 분류 |||||||||||||||||||||||||||||||||||||||||||||||||||||

1. 단독주택: 일반적으로 한 세대가 단독으로 생활하기 위한 주택을 의미하며, 구분 소유가 가능한 공동주택과 달리 단독 소유만 가능하다.

2. 다중주택: 학생 또는 직장인 등 여러 사람이 장기간 거주할 수 있는 구조로 되어 있고, 독립된 주거의 형태를 갖추지 아니한 것으로 연면적이 330㎡ 이하이고 층수가 3층 이하인 주택을 말한다.

3. 다가구주택: 주택으로 쓰이는 층수(지하층 제외)가 3개 층 이하이고, 1개 동의 주택으로 쓰는 바닥면적(지하주차장 면적 제외)의 합계가 660㎡ 이하이며, 19세대 이하가 거주할 수 있는 주택을 말한다. 다만 다가구주택의 층수를 산정함에 있어 1층 바닥면적의 1/2 이상을 필로티 구조로 하여 주차장으로 사용하고 나머지 부분을 주택 외의 용도로 쓰는 경우에는 해당 층을 주택의 층수에서 제외한다.

4. 아파트: 주택으로 쓰는 층수가 5개 층 이상인 공동주택을 말한다.

5. 다세대주택: 주택으로 쓰는 1개 동의 바닥면적 합계가 660㎡ 이하이고, 층수가 4개 층 이하인 공동주택을 말한다. 다만 2개 이상의 동을 지하

주차장으로 연결하는 경우에는 각각의 동으로 보며 지하주차장 면적은 바닥면적에서 제외하고, 층수를 산정할 때는 1층의 바닥면적 1/2 이상을 필로티 구조로 하여 주차장으로 사용하고, 나머지 부분을 주택 외의 용도로 쓰는 경우에는 해당 층을 주택의 층수에서 제외한다.

6. 연립주택: 주택으로 쓰이는 1개 동의 바닥면적(지하주차장 면적을 제외) 합계가 660㎡를 초과하고, 층수가 4개 층 이하인 주택을 말한다. 다만 연립주택 층수를 산정함에 있어 1층 전부를 필로티 구조로 하여 주차장으로 사용하는 경우에는 필로티 부분을 층수에서 제외한다.

7. 기숙사: 학교 또는 공장에서 학생이나 종업원을 위해 지어진 건물이다. 공동 취사를 할 수 있는 구조를 갖추고는 있으나 각각 독립된 주거의 형태는 아니다. 건축법상 공동주택으로 분류된다.

02 주택의 장단점

주택은 경매시장의 물건 중 거의 절반을 차지한다. 전체 물량이 많을 뿐 아니라 그 지역과 종류도 다양하다. 따라서 어느 지역에 있는 어떤 종류의 주택을 선택하느냐에 따라 투자수익률도 크게 달라진다. 지피 지기면 백전백승이라 했다. 경매투자의 기본이라 할 수 있는 주택의 장단점을 먼저 알아보자.

주택의 장점

나와 같은 부동산 전업투자자들이 늘 하는 고민은 "과연 임대와 매매가 잘될까?" 하는 것이다. 하지만 그런 고민을 하면서도 "정 안되면 내가 들어가서 살지 뭐" 하고 쉽게 결론을 내리기도 한다.

임대나 매매를 염두에 두었을 때는 주택이 상가나 토지에 비해 유리한 측면이 많다. 그래서 부동산투자자들이 주택을 많이 선호하기도 한다. 경매에서 '주택'의 장점은 여러 가지가 있다.

첫째, 초보자도 부담 없이 접근할 수 있다.

누구나 집을 터전으로 살아왔고 지금 이 순간도 집이라는 공간에서 살고 있기 때문에 무엇보다 익숙하다. 부동산에 문외한이라 할지라도 어떤 집이 살기 좋은지 또 어떤 집이 인기가 없는지는 쉽게 판단할 수가 있다. 주택은 누구에게나 익숙하고 쉽게 파악이 되기 때문에 초보자도 충분히 투자를 위한 판단을 할 수 있다.

둘째, 매매나 임대가 쉽다.

주택은 다른 부동산에 비해 수요가 많고, 거래도 활발하다. 따라서 주택을 매입한 후 임대를 놓거나 매매를 할 때 쉽게 임자를 만날 수 있다. 주택은 실수요자뿐만 아니라 투자를 위한 가수요자도 많기 때문에 집주인은 마음먹기에 따라 얼마든지 신속한 처리가 가능하다.

셋째, 세금부담이 적다.

부동산을 샀다가 나중에 되팔면 이 과정에서 내야 할 세금은 크게 3가지다. 살 때 내는 취등록세, 보유기간 중에 내는 재산세, 팔고 나서 내는 양도소득세가 그것이다. 먼저 취등록세를 보면 주택은 취득금액에 따라 1~3%의 세금을 내지만 주택을 제외한 나머지 부동산은 금액에 상관없이 4.6%의 비교적 많은 세금을 내야 한다. 주택임대사업을 위해 주택을 분양받는 경우에는 주택 면적에 따라서 취등록세의 전부 또는 일부를 면제받을 수도 있다.

양도소득세에 있어서도 주택이 훨씬 유리하다. 1가구 1주택자의 비과세 요건을 갖추고 있으면 주택을 팔아서 남는 양도차익에 대해 세금을 전부 면제받을 수도 있다. 그러나 주택 이외의 부동산은 보유기간이 아무리 길더라도 양도차익에 대해서는 많든 적든 양도소득세를 신고·납부해야 한다.

넷째, 투자자 사정에 맞게 다양한 선택이 가능하다.

주택은 지역이나 종류, 규모에 따라 그 종류가 매우 다양하다. 1,000~2,000만 원의 소액투자부터 10억 원이 넘는 고가주택까지 금액대가 매우 다양하다. 뿐만 아니라 재개발, 재건축지역, 대학가 또는 역세권, 아파트와 빌라, 오피스텔 등 지역별·종류별 선택의 폭도 매우 넓다. 따라서 자신의 자금사정, 관심종목, 선호하는 주택의 종류에 맞게 얼마든지 자유로운 선택이 가능하다.

주택의 단점

주택의 다양한 장점에도 불구하고 단점 역시 존재한다.

첫째, 임차인에 대한 권리분석이 어렵다.

주택의 경우 임차인이 거주하면 보증금 액수, 전입신고 날짜, 확정일자 여부 등을 꼼꼼히 조사해야 한다. 자칫 임차인에 대한 조사가 소홀

할 경우 낙찰을 받고 나서 수천만 원의 전세보증금을 물어줘야 하는 경우가 생길 수도 있다.

둘째, 시세파악을 잘못하면 손해 볼 확률이 매우 높다.

주택은 시세가 거의 일정하게 형성된다. 자칫 시세파악을 잘못해 비싸게 사고 나면 이를 만회하는 데 상당한 시간이 걸리기도 한다. 특히 아파트의 경우 층수나 베란다 확장여부, 조망권과 일조권 정도에 따라 몇 천만 원씩 가격이 차이 나기도 한다. 그러므로 시세를 구성하는 항목을 꼼꼼히 따져서 해당 물건에 대해 정확한 시세를 점찍을 수 있어야 한다. 대충 "00아파트 32평짜리는 얼마다" 하는 주먹구구식의 시세조사는 낭패를 볼 수가 있다.

토지나 상가는 유사 물건에 비해 매입가격이 좀 더 비싸더라도 형질이나 용도를 바꿔서 가치를 높일 수가 있다. 하지만 아파트와 같은 주택은 내부 시설교체나 인테리어 등 투자를 통해 가치를 높이는 데도 한계가 있다.

셋째, 관리가 어렵다.

주택임대사업을 하는 사람들이 싫어하는 두 가지가 있다. '여름철 습기'와 '겨울 동파'다. 특히 임대가 제때 되지 않아 집을 비워놓게 되면 습기로 인한 곰팡이와 겨울철의 동파는 엄청난 스트레스를 불러온다. 수도나 보일러 배관이 얼어 터지게 되면 비용이 많이 들 뿐 아니라 공사 자체도 매우 어렵게 진행된다. 또 여름철 습기로 생긴 곰팡이는 도배를 다시 해도 퀴퀴한 냄새가 쉽게 없어지지 않아 집을 보러 온 사람들에게 상당한 거부감을 준다. 주택은 임차인이 하루 24시간 대부분을 사용하기 때문에 보일러나 수도 등 내부시설에 대한 고장, 수리 요청이 빈번하게 발생한다. 특히 지어진 지 20~30년 이상 된 단독·다가구주택의 경우 건물과 시설의 노후화로 임차인이 바뀔 때마다 상당한 개보수 비용을 지출하기도 한다.

주택을 투자대상으로 선정할 때에는 위에서 언급한 장단점을 충분히 숙지하고 본인의 투자목적이나 이용목적에 맞게 물건을 선별하고 이용 및 관리계획을 꼼꼼히 챙겨야 한다.

03 경매할 때 꼭 알아야 할 주택임대차보호법

경매 부동산의 입찰준비를 할 때 어려운 것 중 하나가 임차인 권리분석이다. 임차인에 대한 권리분석은 보증금의 인수여부뿐만 아니라 명도처리를 하는 데도 매우 민감하게 작용하기 때문이다. 주거용 부동산의 임차인 분석을 위해서는 반드시 '주택임대차보호법'의 주요 내용을 충분히 이해하고 숙지해야 한다. 그중 경매에서 특히 중요한 내용은 아래와 같다.

이 법의 적용대상은 '사실상의 주거용' 건물이다.

'주택임대차보호법의 적용대상은 주택만 해당된다'라고 생각하면 엄청난 실수를 범할 수 있다. 주택임대차보호법의 적용대상은 '사실상의 주거용 건물'이다. 건축물의 종류가 상가나 공장이라고 하더라도 실제로 누군가가 주택으로 사용하고 있다면 이 부동산은 주택임대차보호법의 적용대상이 된다. 따라서 법원의 현장조사 보고서나 현장 방문 당시 누군가가 주거용으로 사용한 흔적이 있으면 일단 주택으로 간주하고 임차인 조사를 해야 한다. 이때는 반드시 주민센터에 들러 주소지의 '전입세대열람'을 해야 한다. 만약 은행의 근저당보다 먼저 전입된 사람이 있다면 보증금 인수 여부 등에 대해서도 추가 조사를 해야 할 것이다.

대항력 발생요건은 근저당보다 빠른 '전입신고'다.

'대항력'이란 경매로 집주인이 바뀌더라도 전세보증금을 전부 돌려받기까지는 집을 비워주지 않아도 되는 권리다. 즉 경매로 주택을 낙찰받아 잔대금을 전부 납부했다 하더라도 대항력을 갖춘 임차인이 전세보증금을 일부라도 돌려받지 못했다면 이 임차인은 낙찰자에게 명도를 거부할 수 있다. 이처럼 '대항력'을 갖춘 임차인은 낙찰자에게 엄청난 부담이 될 수 있다. 대항력의 판단 기준은 임차인의 전입신고 날짜가 은행의 근저당 설정일자보다 먼저냐 아니냐에 따라 판가름이 난다. 즉 등기부에 가압류나 근저당 등 아무런 설정이 없는 상태에서 임대차계약을 한 세입자가 먼저 입주를 하고 전입신고를 마쳤다면 이는 대항력을 갖춘 것이 된다. 반대로 은행의 근저당 설정일보다 나중에 전입한 임차인은 대항력 없는 임차인이다.

'확정일자'는 배당순위를 결정짓는 중요한 역할을 한다.

앞에서 설명한 것처럼 경매는 채무자의 부동산을 매각하여 그 매각대금으로 채권자들에게 돈을 나눠 주고 빚잔치를 하는 것이다. 그런데 경매에서는 돈을 나눠 줄 때 그 순서가 엄격하다. 임차인의 경우 그 순서를 정할 때 주민등록 전입신고 날짜와 확정일자가 그 기준이 된다. 좀 더 정확히 설명하면 전입신고일과 확정일자 둘 중 늦은 날짜가 배당순서의 기준이다.

예를 들어 A아파트가 경매되어 1억8,000만 원에 낙찰받았는데, 이 아파트의 권리관계는 다음과 같다.

2016년 3월 5일: 임차인 전입신고(임차보증금 1억 원)
2016년 3월 8일: 근저당 설정일(근저당 1억5,000만 원)
2016년 3월 9일: 임차인이 확정일자 받은 날

이 경우의 배당순서는 매각대금 1억8,000만 원 중 1순위 근저당권자에게 1억5,000만 원이 가장 먼저 배당된다. 다음 순서로 임차인이 나머지 3,000만 원을 법원으로부터 배당받는다. 왜냐하면 비록 임차인의 전입신고일은 근저당 설정일(2016년 3월 8일)보다 빠르지만 확정일자가 더 늦기 때문에 배당순위는 전입일과 확정일자 둘 중 늦은 날짜(2016년 3월 9일)가 그 기준이 되기 때문이다.

반면 위 임차인은 확정일자가 늦어 근저당자보다 배당순위는 밀리지만 대항력을 갖췄다. 때문에 전체 임차보증금 1억 원 중 배당받지 못한 7,000만 원은 낙찰자에게 받을 수 있다. 대항력은 확정일자와 상관없이 전입신고날짜가 근저당일자보다 빠르면 대항력 요건이 발생하기 때문이다. 결과적으로 위 임차인은 법원으로부터 3,000만 원을 배당받고 나머지 7,000만 원에 대해서는 대항력을 행사하여 낙찰자에게 받을 수 있다. 따라서 임차인의 재산적 손해는 발생하지 않는다.

주택임대차보호법상 임대차기간은 최소 2년이다.

이사를 여러 번 경험해본 사람이라면 왜 전세계약을 할 때 기간을 '2년'으로 하는지에 대해 한 번쯤 의문을 품었을 것이다. 이는 주택임대차보호법에 '최소 기간이 2년'으로 정해져 있기 때문이다. 즉 처음 계약을 할 때 임대차 기간을 1년으로 계약했다고 하더라도 임차인이 1년이 지난 만기 때 1년을 더 살고 싶다고 하면 집주인은 이를 거부할 수가 없다. 반대로 1년이 지난 후 임차인이 계약만기를 이유로 보증금 반환을 요구하면 이 역시 집주인은 들어줘야 한다. 즉 주택의 계약기간에 대해 임차인은 1년이든 2년이든 선택을 할 수 있지만 집주인은 자기 마음대로 2년 미만으로 할 수가 없다. 이런 이유 때문에 통상 주택의 임대차 기간은 2년 단위로 계약하게 된 것이다.

임차인이 법원으로부터 보증금을 배당받기 위해서는 '명도확인서'를 제출해야 한다.

낙찰자 입장에서 임차인이 보증금의 일부라도 배당받게 된다면 명도(집 비우기)에 대해 크게 부담 갖지 않아도 된다. 임차인이 자신의 임차보증금을 법원에서 수령하기 위해서는 낙찰자의 협조를 구해야 하기 때문이다. 임차인이 배당금을 수령하기 위해 필요한 서류는 전 주인과

작성한 임대차계약서 원본과 낙찰자의 인감증명서가 첨부된 명도확인
서다. 이는 배당받는 임차인이 낙찰자에게 무리한 이사비를 요구하거
나 명도를 지연하는 것을 방지하기 위함이다. 경매를 처음 시도하는 사
람들 입장에서는 명도가 상당히 부담스러울 수 있다. 혹 명도가 부담스
러운 입찰자라면 애초부터 배당을 받을 수 있는 임차인이 거주하는 주
택을 선택하면 된다.

대항력이 없는 후순위 임차인도 최우선변제금은 받을 수 있다.

이는 영세임차인을 보호하기 위한 조치로 2017년 현재를 기준으로
서울시에서 1억 원 이하의 전세를 살고 있다면 이 주택이 나중에 경매
되더라도 선순위 채권자보다 먼저 최우선변제금 3,400만 원을 배당받
을 수 있다. 이 법의 취지는 서울시를 기준으로 했을 때 1억 원 이하의
전세입자는 비교적 영세한 서민으로 판단하고 혹시 집주인을 잘못 만
나 경매가 되더라도 방 1칸 정도 마련할 수 있는 최소한의 비용을 법으
로 보호해준다는 뜻이다. 최우선변제금액은 근저당의 설정일, 적용날
짜, 지역별로 조금씩 차이가 있다.

Tip. 주택 임차인의 최우선 변제금액

적용일자	서울 및 광역시			기타지역	
1984.06.14	300만 원 이하 300만 원			200만 원 이하 200만 원	
1987.12.01	500만 원 이하 500만 원			400만 원 이하 400만 원	
1990.02.19	2천만 원 이하 700만 원			2천만 원 이하 800만 원	
1995.10.19	3천만 원 이하 1200만 원			2천만 원 이하 800만 원	
2001.09.15	서울·과밀 억제권	광역시 (군·인천제외)		기타지역	
	4천만 원 이하 1600만 원	3500만 원 이하 1400만 원		3천만 원 이하 1200만 원	
2008.08.21	6천만 원 이하 2천만 원	5천만 원 이하 1700만 원		4천만 원 이하 1400만 원	
2010.07.26	서울	수도권중 과밀억제권역	광역시외 (군지역제외)	기타지역	
	7500만 원 이하 2500만 원	6500만 원 이하 2200만 원	5500만 원 이하 1900만 원	4000만 원 이하 1400만 원	
2014.01.01	9500만 원 이하 3200만 원	8000만 원 이하 2200만 원	6000만 원 이하 2000만 원	4500만 원 이하 1500만 원	
2016.03.31	1억 원 이하 3400만 원	8000만 원 이하 2700만 원	6000만 원 이하 2000만 원	5000만 원 이하 1700만 원	

04 사례로 보는 경매의
빛과 그림자

경매 역시 주식과 마찬가지로 '하이리스크 하이리턴' 상품이다. 하지만 주식과 다른 점은 사전에 위험요소를 파악할 수 있고, 매수 시점부터 이미 상당한 수익이 발생한다는 것이다. 또한 주식처럼 가격이 요동치는 경우가 드물고, 웬만해선 원금을 까먹지 않는다. 경매의 성공 사례와 실패 사례를 살펴보면 초보자의 실전투자에 많은 도움이 될 것이다.

노점상하다 임대사업자 된 말순 씨

말순 씨는 IMF 때 남편의 실직으로 노점상으로 생계를 꾸려 나갔다. 지하철역 입구에서 떡과 김밥을 판매했는데 새벽부터 분주하게 준비하여 겨우 생계를 꾸려 나갈 수 있었다. 하지만 버는 것에 비해 매월 나가는 방세는 너무 부담스러웠다. 집 문제를 해결하지 않고는 자녀 교육문제는 둘째치고 식구들 생계마저도 한 치 앞을 장담할 수 없었다.

고민 끝에 말순 씨는 전문가의 도움을 받아 내 집 마련에 나서기로 했다. 2001년도 당시 말순 씨는 송파구 잠실동 반지하 빌라를 보증금 3,000만 원에 월세 60만 원을 주며 근근이 살아가고 있었다. 그러던 중 근처 문정동 4층 빌라 꼭대기의 방 2칸짜리에 입찰을 했다. 결과는 시세보다 5,000만 원 싼 8,000만 원에 낙찰받았다. 경락잔금대출로 잔금을 치르고 나니 살던 집 전세 보증금 3,000만 원으로 거의 해결이 됐다. 뿐만 아니라 대출받은 6,000만 원은 월 이자가 30만 원밖에 되지 않아 월세 살던 때보다 매달 30만 원씩 여유가 생겼다. 무엇보다 어둡고, 습한 반지하 셋방살이에서 벗어난 것에 가족들 모두 기뻐했다.

첫 경매로 쏠쏠한 재미를 본 말순 씨는 본격적인 경매투자에 나섰다. 오전 장사를 마치고 시간이 날 때마다 동네 여기저기 경매물건을 찾아 다녔다. 물건 소재지는 주로 자신이 거주하던 송파구 인근으로 정했다. 물건의 종류는 주로 빌라를 타깃으로 삼았다. 종잣돈은 친정 오빠에게 원금만 돌려주기로 하고 빌린 3,000만 원. 적은 돈으로 경매에 참여하다 보니 입찰에서 번번이 실패했지만 말순 씨는 결코 포기하지 않았다. 오히려 노점을 할 때보다 훨씬 에너지가 넘치고 신이 났다. 경매 나온 집을 찾아 이 동네 저 동네 헤집고 다니는 것이 신나고 즐거웠다. '1년에 한 채만 낙찰받아도 감사한 일이다'라는 긍정적인 생각으로 임했기 때문에 입찰에서 떨어져도 전혀 낙담하지 않았다.

성실한 노력 덕분에 말순 씨는 3년 만에 빌라 5채의 주인이 됐다. 물론 그 사이에 몇 채를 사고팔아 1억 원 가까운 시세차익도 남길 수 있었다. 10여 년이 지난 지금 말순 씨는 송파구 마천동에서 4층짜리 건물주가 되어 1층에서 떡집을 운영하고 있다. 4층 꼭대기에 거주하면서 매달 받는 월세만 1,000만 원 가까이 되지만 어려울 때 생계를 유지했던 떡장사를 손에서 놓을 수가 없다고 한다.

말순 씨는 성실한 노력으로 성공한 케이스다. 종잣돈이 부족했기 때문에 남들처럼 과감한 베팅을 할 수 없었고, 그러다 보니 늘 최저가 언저리로 입찰금액을 정해야만 했다. 그러다 보니 당연히 낙찰 확률은 매우 낮았다. 10번 입찰하면 겨우 1~2번 낙찰받는 정도였다. 하지만 특정 지역을 정해놓고 매번 경매물건이 나올 때마다 끊임없이 현장조사를 하고 입찰계획을 세워나갔다. 확률만 따지면 낙찰받기 어려웠지만 하늘이 도와서인지 낮은 입찰금액에도 하나둘 낙찰을 받기 시작했다. 오히려 낮은 금액으로 낙찰을 받다 보니 남들보다 수익률은 훨씬 높았다. 보통 사람은 5~6번씩 입찰해도 낙찰이 되지 않으면 쉽게 포기하는 경우가 많다. 경매에서 끊임없이 노력하고 시도하면 결국 그 노력의 대가는 충분히 보상받을 수 있다. 경쟁자들 중 높은 금액을 쓴 사람이 낙찰받는 것이 경매다. 하지만 경매에서도 운이 많이 작용한다. 사람이 하는 일이라 막상 뚜껑을 열어보면 의외의 사람이 횡재를 하기도 한다. 경쟁자가 많을 것으로 예상해 대다수가 입찰을 포기하고 최저가로 낙찰받는 사람. 최고 금액을 써낸 사람이 입찰표를 잘못 기재해 무효가되고 다음 사람이 낙찰받는 경우 등 무수히 많은 경우가 있다. 운도 노력하고 시도하는 사람에게 따라 오는 법이다.

경매를 당한 후 내 집 마련한 김 대리

2007년 대학을 졸업할 즈음, 김 대리는 사업을 하던 아버지의 부도로 살던 아파트를 경매로 날렸다. 아버지의 사업 실패가 원인이긴 했지만 강제로 집이 팔려 어린 시절 추억을 뒤로한 채 쫓기듯이 이사해야 하는 자신과 가족의 처지가 너무도 비참했다. 그나마 낙찰자의 배려로 받은 약간의 이사비와 삼촌들의 도움으로 서울 근교의 조그만 빌라로 이사할 수 있었다. 불행 중 다행인 것은 장남인 김 대리가 취직이 되어 부모님과 여동생 네 식구 생계는 유지할 수 있었다. 대학을 졸업하자마자 가장이 된 김 대리는 어떻게 해서라도 다시 집안을 일으켜 세우고 싶었다. 특히 고3인 여동생이 자기 방도 없는 좁은 집에서 입시준비를 하는 것이 너무나 안쓰러웠다.

하지만 김 대리가 받는 월급은 네 식구가 생활하기에도 빠듯했다. 남들 다 넣는 적금도, 결혼준비도 전혀 신경 쓸 겨를이 없었다. 퇴근 후 아르바이트를 생각해보았지만 신입이라 퇴근 시간을 장담할 수 없었다. 이런저런 고민을 하던 와중 갑자기 자신이 경매를 당했던 기억이 떠올랐다. 두 번 다시 떠올리고 싶지 않은 기억이었다. 4억 원 정도 하던 자기 집 아파트가 시세보다 5,000만 원 이상 싸게 팔린 것이다. 거기서 해답을 찾았다. 바로 경매를 통해 가족의 보금자리를 다시 마련하기로 한 것이다. 법적인 지식은 없었지만 경매를 직접 경험했기 때문에 진행 과정과 절차에 대해서는 쉽게 파악이 됐다.

결심을 굳힌 김 대리는 당시 거주하던 경기도 하남시의 방 3개짜리 빌라를 목표로 정했다. 경매로 당장 돈을 벌기보다는 좁은 집을 탈출하는 것이 1차 목표였다. 그래서 인근의 방 3개짜리 빌라만 나오면 무조건 현장으로 달려갔다. 그렇게 경매물건을 쫓아다닌 지 7개월 즈음 하남시 신장동에 위치한 방 3개짜리 마음에 드는 빌라가 나타났다. 감정가 2억 원에서 2번 유찰돼 최저입찰금액 1억2,800만 원으로 입찰에 붙여졌다. 준공한 지 15년 된 낡은 집이었지만 부모님과 여동생, 네 식구가 살기엔 충분했다. 무엇보다 햇빛이 잘 드는 정남향의 3층이라 마음에 들었다. 김 대리는 고심 끝에 1억5,300만 원을 써냈는데 6명의 경쟁자를 물리치고 당당히 낙찰자로 선정됐다. 이후 경락잔금대출 1억2,000만 원을 보태 가까스로 잔금을 납부했다. 다행히 낙찰받는 집의 임차인은 은행 근저당보다 먼저 전입신고와 확정일자를 갖춘 선순위 임차인으로 전세금을 전부 배당받고 덤덤하게 이사를 나갔다.

아버지의 사업 실패로 김 대리는 무거운 짐을 안고 사회생활을 시작하게 되었다. 하지만 그는 역경을 기회로 삼아 집안을 다시 안정시켰다. 세상살이에 대한 경험도 없고 자금도 부족했다. 하지만 열심히 발품을 팔고 노력하여 작지만 소중한 보금자리를 가족들에게 선사했다.

사람들은 아픈 기억을 지우려고만 한다. 하지만 아픈 기억이 오히려 기회를 제공하기도 한다. 경매를 부정적으로 생각하는 사람들은 "남의 아픔을 이용해 돈을 버는 것이 부담스럽다"는 말을 하기도 한다. 하지만 경매는 자본주의 사회의 채권-채무관계를 정리하는 마지막 수단이다. 나 역시 처음 경매를 할 때 살던 사람을 내보내는 일이 무척이나 곤혹스러웠다. 집을 비워달라는 말이 차마 입에서 떨어지지 않았다. 하지만 어떤 사람이든 인간적으로 대하고 적당히 배려해주면 그들 역시 고마워하며 열심히 노력하는 모습을 보인다.

주변을 살펴보면 경매업에 종사하는 사람 중 경매로 집을 잃은 경험이 있는 사람이 많다. 당시에는 경매에 치가 떨렸을지 모르지만 경매라는 과정을 겪으면서 세상 돌아가는 이치와 경제관념을 몸소 깨달은 것이다.

공실상가 낙찰받아 매월 600만 원 받는 김 사장

전주가 고향인 김 사장은 서울에서 중식당을 운영하고 있다. 평소 임대사업에 관심이 많던 김 사장은 모 경매정보회사에서 실시한 경매교육을 받고 투자에 나섰다. 주특기가 음식점이라 상가에 관심을 갖고 물건을 찾아다녔다. 하지만 낙찰받기가 생각만큼 쉽지 않았다.

그러던 중 전주시의 전북대 후문에 위치한 3층 분양상가를 발견했다. 면적은 700㎡ 규모로 당초 건축주가 분양을 목표로 지었다. 하지만 경기가 좋지 않아 오랫동안 공실로 이어졌다가 경매에 나온 것이다.

감정평가금액 9억8,000만 원에서 2번 유찰돼 최저입찰가는 4억8,000만 원. 게다가 장기간 공실로 미납관리비가 3,000만 원 가까이 연체된 상태였다. 고심 끝에 김 사장은 5억1,000만 원을 써냈고 기분 좋게 낙찰받았다. 잔금을 모두 납부하고 관리사무소와 협의 끝에 체납관리비 1,500만 원을 지불하기로 최종 합의했다. 비어 있던 상태라 명도비는 별도로 들지 않았다.

그런데 문제는 역시 임대였다. 지방이라 1층이 아닌 3층에 위치한 상가는 인기가 없었다. 특히 700㎡에 달하는 넓은 상가를 찾는 사람을 쉽게 구할 수가 없었다. 근처의 중개업소에 내놓긴 했지만 임차인을 구하기는 그리 쉬울 것 같지 않았다. 지인들을 비롯한 부동산전문가들과 상의 끝에 교회, 헬스클럽, 체육관 등 몇 가지 콘셉트를 잡아 광고를 내기로 했다.

신문광고가 나간 지 2개월 즈음 젊은 사람으로부터 연락이 왔다. 상가를 임차해서 친구와 함께 헬스클럽을 운영할 계획 중인 사람이었다. 며칠 동안 협의한 끝에 보증금 5,000만 원에 월 600만 원으로 임대계약을 체결했다. 처음 몇 달은 월세가 며칠씩 늦어지기도 했다. 하지만 김 사장도 장사를 많이 해본 사람이라 초기에는 들어가는 돈만 많고 수입이 쉽게 늘지 않는다는 것을 잘 알고 있었다.

그로부터 6개월이 지나자 헬스클럽에 회원수가 급격히 늘어 영업이 안정권에 들게 되었다. 상가를 낙찰받은 지 3년이 지난 지금 김 사장은 매월 600만 원을 따박따박 잘 받고 있다.

경매로 나온 상가가 공실로 남아 있는 경우를 자주 접하게 된다. 오랜 세월 공실인 상가는 주변 사람들에게 안 좋은 이미지로 각인돼 있다. 때문에 임차인을 구하는 데 애를 먹는 경우가 많다. 게다가 장기간 공실로 인해 체납관리비가 수천만 원에 달하는 경우도 있다. 이런 상가는 낙찰 후 어떤 용도로 사용하는 게 좋을지를 심각하게 고민해야 한다. 주변 중개업소나 상가 전문가를 통해 해당 위치와 면적에는 어떤 업종이 적합할지 조언을 구하는 것도 좋다. 하지만 아무리 고민해도 추천할 만한 업종이 떠오르지 않거나 직접 사용할 계획조차 없다면 섣불리 입찰을 해서는 안 된다.

임차인 분석을 잘못해서 낭패 본 김 원장

서울에 거주하는 김 원장은 송파구에서 미용실을 운영했다. 규모가 그리 큰 편은 아니었지만, 단골이 많아 매년 조금씩 돈을 모을 수 있었다. 미용실만 20년 넘게 운영해온 그녀는 꿈이 있었다. 다름 아닌, 조그만 2층 건물을 하나 사서 1층엔 미용실을 하고 2층에는 가족의 보금자리를 꾸미는 것이다. 그녀는 시간이 날 때마다 동네 부동산중개업소를 기웃거렸다. 그러던 2010년 어느 날 송파구 가락동에 위치한 3층 근린주택이 경매 나온 사실을 알게 됐다. 대지면적 150㎡, 연면적 210㎡의 조그만 건물이었다. 3층에는 가족이 거주할 수 있는 방이 3개인 가정집, 2층은 세를 놓을 수 있는 원룸 2개, 1층은 점포로 구성돼 있었다. 건축한 지 5년 된 건물인데 마감재를 대리석으로 해서인지 새 건물처럼 아주 깨끗해 보였다. 감정평가금액 11억2,000만 원에서 1번 유찰돼 감정가의 80%인 8억9,600만 원에 경매가 예정돼 있었다.

경매전문업체에 의뢰하라는 주변의 조언도 있었지만 직접 해보고 싶은 욕구가 더 강했다. 그동안 부동산 강연도 자주 듣고, 경매 책도 여러 권 읽었기 때문에 크게 부담되지는 않았다. 특히 경매 나온 물건이 오며 가며 자주 본 건물이라 낯설지 않았고 주변시세도 잘 알고 있었기에 자신감이 넘쳤다.

김 원장이 파악한 물건조사 내역은 다음과 같았다. 1층 점포는 보증금 3,000만 원에 월 150만 원의 임차인이 인테리어 가게를 운영하고 있었다. 하지만 영업이 잘되지 않아 월세를 내지 않았고 보증금을 거의 다 까먹은 상태였다. 나중에 이사비만 조금 쥐어주면 쉽게 내보낼 수 있을 것 같았다. 1층이 비워지면 김 원장은 그 자리에 미용실을 할 계획이었다.

2층 원룸은 각 보증금 1,000만 원에 월 50만 원씩 내는 임차인이 살고 있었다. 이들은 소액임차인에 해당돼 보증금을 전부 배당받을 것으로 보였다. 2층 임차인의 경우 김 원장에게 매우 호의적이었다. 경매로 주인이 바뀌더라도 매수자와 다시 임대차계약을 맺고 계속 거주하고 싶다는 말을 전했다. 3층은 네 식구의 가족이 전세금 2억 원에 거주하다가 8~9개월 전 이사를 나가고 집이 비어 있었다.

물건조사를 모두 끝낸 김 원장은 낙찰받고 싶은 마음에 입찰표에 10억3,000만 원을 써 냈다. 개찰 결과 입찰자는 김 원장 단독입찰이었고 다른 경쟁자는 없었다. 당연히 김 원장이 최고가 매수신고인으로 결정됐다. 경쟁자가 없는 것이 좀 아쉬웠지만, 무척이나 갖고 싶었던 건물이라 매우 만족스러웠다.

하지만 기쁨은 얼마 가지 못했다. 며칠 뒤 동네의 중개업소 여사장이 머리를 하기 위해 미용실에 왔다. 김 원장은 자랑삼아 낙찰받은 얘기를 했는데 황당한 이야기를 듣고 말았다. 내용인즉슨 김 원장이 낙찰받은 건물의 3층 임차인은 자신이 중개해서 그 집에 살게 되었다. 그런데 계약만기 후 이사를 가려고 집주인에게 보증금 반환을 요구했으나 돈이 없어 보증금을 돌려받지 못했다. 자녀 학교문제로 꼭 이사를 해야 했던 임차인은 전세금 2억 원을 돌려받지 못한 채 집을 비웠다. 하지만 못 받은 전세금을 보호하기 위해 임차인은 법원에 '임차권등기명령'을 신청하고 퇴거했다. 다행히 임차인은 은행의 근저당설정일보다 먼저 전입신고

된 임차인으로 대항력을 갖추고 있었다. 결국 건물의 낙찰자는 임차인의 전세금 2억 원을 물어줘야만 등기부의 임차권등기를 지울 수 있는 것이었다. 이상의 모든 절차는 중개업소 여사장이 자신의 법무사를 통해 직접 처리했기 때문에 틀림없다는 것이다. 그 사실이 너무나 황당하고 믿겨지지 않던 김 원장은 여기저기 자문을 구해봤지만 대답은 한결 같았다. '임차인 전세보증금 2억 원은 낙찰자가 물어줘야 한다'는 것이다.

결국 김 원장은 그토록 원하던 건물을 갖게 되었지만 전혀 계획하지 않았던 2억 원을 고스란히 물어주고야 말았다. 자신이 너무도 잘 아는 동네 물건이었기에 자신만만하게 경매에 덤벼들었다. 하지만 부동산 물건분석에만 치중한 나머지 등기부에 대한 권리분석은 소홀히 한 것이 큰 실수였다.

Tip. 임차권등기명령 제도 ||||||||||||||||||||||||||||||||||||||||||||||||||||||||||||||||||||||||||

남의 집을 빌려 세를 살 때, 보통 2년을 계약기간으로 정하고 전세보증금을 지급한 후 입주한다. 그런데 간혹 전세기간 만료 후 세입자가 다른 곳으로 이사를 가기 위해 보증금 반환을 요구해도 집주인이 돈이 없다는 핑계로 전세보증금을 돌려주지 않는 경우가 있다. 이런 경우 돈을 전부 돌려받을 때까지 집을 비워주지 않고 버티게 된다. 하지만 그럴 사정이 못 되는 세입자는 문제가 심각해질 수밖에 없다. 보증금을 지키기 위해 집에 눌러앉아야 하는데, 상황상 그럴 수 없기 때문이다.

이럴 때 '임차권등기명령' 제도를 이용하면 임차인의 전세보증금을 안전하게 보호받을 수 있다. '임차권등기명령'이란 임차인이 전세만기 후 보증금을 반환받지 못할 때 법원에 신청하는 것이다. 법원에 임차권등기명령을 신청하면 법원 결정에 따라 등기부등본에 전세보증금 액수, 전입일자, 점유부분을 등재시킨다. 이렇게 하면 집을 비우고 다른 곳으로 이사를 하거나 전입신고를 옮기더라도 기존에 가지고 있던 대항력이나 권리가 그대로 유지된다.

결국 집주인 입장에서는 임차인이 집을 비웠다 하더라도 등기부에 기재된 '임차권등기'를 말소시키지 않고는 다른 사람에게 임대를 놓기 어렵다. 경매에서도 대항력을 갖춘 임차권등기가 있으면 낙찰 후 잔금을 모두 낸 후에도 등기부에서 지워지지 않는다. 이는 인수되는 권리로써 임차권등기 권리자에게 전세보증금을 물어주고 인감증명서를 첨부해 별도로 말소 신청을 해야 된다.

임차권등기로 낭패를 보는 경매 투자자가 자주 발생한다. 실수가 빈번한 이유는 등기된 날짜 때문인데, 대항력을 갖춘 임차인인데도 불구하고 임차권등기의 대부분은 근저당보다 나중에 등기부에 등재돼 있기 때문이다. 등기는 접수된 날짜 순으로 권리의 순서가 정해진다. 하지만 임차권등기의 경우 '등기접수일이 아닌 임차인의 전입신고일'을 따져봐야 한다. 은행의 최초 근저당보다 먼저 전입신고한 임차인은 나중에 임차권등기를 하더라도 대항력 발생시점은 전입신고일이 되는 것이다. 임차권등기 자체가 임대차기간이 지난 후, 즉 전입신고일로부터 2~3년 후에 등기부에 표시되기 때문에 꼼꼼히 살펴봐야 한다.

Q&A로 풀어보는 알쏭달쏭한 부동산 상식 ④
주택 구입

Q. 건폐율과 용적률은 무엇을 말하는가?

A. 건폐율은 대지면적에서 차지하는 건물 바닥면적의 비율을 말하는 것으로 건물을 지을 때 바닥면적의 규모를 정하는 기준이 된다. 건폐율은 용도지역에 따라 다르게 정해져 있다. 상업지역의 경우 건폐율은 80% 이내를 적용한다. 상업지역에 있는 대지 1,000㎡에 건물을 짓는다면 건물의 바닥면적은 최대 800㎡까지만 지을 수 있다.

용적률은 대지면적에 대한 건물 연면적의 합계를 비율로 나타내는 것을 의미한다. 예를 들어 1,000㎡의 대지가 용적률 500% 적용을 받는다면 이 땅에는 지을 수 있는 건물의 연면적(건물 바닥면적을 전부 합친 면적)은 대지 면적의 5배(500%)인 5,000㎡까지 지을 수 있는 것이다. 따라서 1,000㎡ 대지에 한 층의 바닥면적을 500㎡로 짓는다면 이 건물은 최대 10층까지(500㎡×10=5,000 ㎡) 지을 수 있다.

건폐율과 용적률은 토지의 활용범위를 결정짓는 중요한 잣대가 되기 때문에 건폐율과 용적률이 높은 땅일수록 비싸게 거래된다. 일반적으로 건폐율과 용적률은 자연녹지지역<일반주거지역<준주거지역<상업지역 순서다.

Q. 전용주거지역, 일반주거지역, 준주거지역은 무엇을 말하는가?

A. 토지는 주된 용도별로 그룹화가 되어 있는데 이는 토지이용계획서를 통해 확

인이 가능하다. 주거지역은 단독주택이나 아파트 등 주거용 건물을 짓도록 설정된 지역을 말하며 전용주거지역, 일반주거지역, 준주거지역으로 나눠져 있다.

전용주거지역은 잘 보존된 양호한 주거환경을 보전·유지하기 위하여 지정한 곳을 말한다. 따라서 상업시설의 규제가 심한 편이다. 전용주거지역은 제1종 전용주거지역과 제2종 전용주거지역으로 나눠져 있다. 1종은 단독주택, 2종은 저층의 공동주택이 주를 이룬다. 서울의 경우 평창동, 성북동, 한남동, 삼성동과 같은 고급주택가 대부분이 전용주거지역에 해당한다.

일반주거지역은 시민들이 일상생활을 영위할 수 있도록 주택이 밀집되어 있으며 편리한 주거환경을 조성하기 위한 지역을 말한다. 이 지역은 일상생활을 영위하는 데 전용주거지역보다는 조금 더 편리하다고 보면 된다. 즉 주거시설 외에 일부 상업시설이 허용되는 지역이다. 일반주거지역 역시 제1종, 제2종, 제3종으로 나뉜다.

1종은 저층 중심, 2종은 중층주택 위주, 3종은 아파트와 같이 고층주택 중심의 지역을 말한다. 일반주거지역은 주거지역 중에서 가장 광범위하며 도시민이 살고 있는 지역 대부분이 일반주거지역에 속한다.

준주거지역은 주거지역에 상업적 기능이 가장 강한 지역으로 주거지역과 상업지역 사이를 완충해주는 역할을 한다. 주택단지나 아파트 단지에서 대로변과 접한 지역이 대부분 준주거지역에 해당한다.

이상의 용도지역 중 쾌적성이 가장 높은 지역은 전용주거지역이고, 땅의 활용도가 가장 높은 지역은 준주거지역이다. 준주거지역은 건폐율과 용적률이 높

아 비교적 건물을 크게 지을 수 있다. 동일한 지역일 때 단위면적당 땅값은 전용주거지역<일반주거지역<준주거지역 순으로 보면 된다.

Q. 주택을 신축하기 위해서는 반드시 진입도로가 있어야 한다는데 건축허가를 위해 필요한 최소한의 도로 폭은 몇 m인가?

A. 원칙적으로 폭 4m 이상의 도로를 접하고 있어야 한다. 이는 실제 공사차량(레미콘 차량)이 접근할 수 있는 정도의 도로 폭을 의미한다. 지적도상 맹지(도로가 접하지 않은 땅)는 원칙적으로 건물의 신축이 불가능하다. 맹지에 건축을 하기 위해서는 새로이 진입로를 개설하거나 도로와 접한 토지 소유자의 진출입 동의서를 첨부해야만 건축허가를 받을 수 있다.

Q. 주택을 살 때 건물보다 대지가 더 중요하다고 하는데 그 이유는 무엇인가?

A. 주택은 비교적 넓은 면적의 토지를 차지하고 있으며 땅값이 거래금액의 대부분을 차지한다. 주택이 속한 땅은 그 활용도에 따라 가격이 천차만별이다. 앞서 언급한 것처럼 토지는 똑같은 면적이라 하더라도 그 땅이 적용받는 건폐율, 용적률에 따라 지을 수 있는 건물의 규모가 달라진다. 땅의 모양, 용도지역, 공시지가, 접면도로, 고저 등은 땅값을 결정짓는 핵심 요소다. 따라서 주택을 구입할 때에는 건물의 상태뿐만 아니라 건물이 깔고 있는 토지에 대해서 더욱 꼼꼼히 살펴봐야 한다.

Q. 주택을 사고 나서 보니 옆집 건물이 우리 집 마당의 일부를 침범해 있다. 어떻

A. 시골의 농가주택이나 오래된 주택에서 자주 등장하는 분쟁 사례다. 타인의 건물이 내 땅을 침범했다면 침범한 면적이나 이로 인해 겪게 되는 불편함의 정도에 따라 대응 방법은 달라질 수 있다. 먼저 침범한 범위를 파악하기 위해 지적측량이 선행되어야 한다. 측량 결과를 통해 침범한 범위와 면적이 확인되면 이를 근거로 상대 건물주에게 철거나 지료청구를 할 수 있다. 철거는 말 그대로 건물을 부수고 내 땅을 비워주는 것이고 지료청구는 토지 사용료를 달라고 하는 것이다.

하지만 무턱대고 소송을 걸기보다는 측량 결과를 보여주고 서로 합리적인 방법을 찾는 것이 좋다. 문제 해결 방법은 철거나 지료청구뿐만 아니라 경우에 따라서는 땅의 일부를 잘라서 상대방에게 팔 수도 있다.

Q. 단독주택을 구입한 지 얼마 되지 않았는데, 갑자기 앞집을 허물고 5층짜리 건물을 짓는다고 한다. 그렇게 되면 시야도 가리고 일조량도 줄어들게 되는데 그냥 가만히 보고만 있어야 하나?

A. 적법한 절차에 의해 건축허가를 받았다면 이를 막을 수는 없다. 건축허가가 났다는 것은 주변 토지의 일조권, 조망권을 고려해서 허가된 것이다. 법의 기준이 아닌 주관적인 판단에 의한 일조권, 조망권 침해로는 타인의 건축행위를 제한할 수 없다. 오히려 주택을 구입할 때는 이러한 가능성을 미리 파악한 후 구입여부를 결정해야 한다. 내가 사고자 하는 주택 주변에 나대지나 오래된 건물이 있다면 이는 조만간 새로운 건물이 지어질 확률이 높다. 집 바로 앞에

빈 땅이 있어서 전망이 좋을 것이라 생각하면 큰 오산이다. 오히려 남쪽 방향에 빈 땅이나 노후 건물이 있으면 구입을 피하는 것이 좋다.

Q. 오래된 빌라나 아파트를 살 때 대지지분이 중요하다고 하는데 그 이유는 무엇인가?

A. 대지지분은 하나의 대지 위에 여러 세대의 주택이 있을 때 각 주택이 소유하는 토지의 면적을 말한다. 보통 전체 대지면적에 비해 세대수가 적을수록 대지지분 비율은 높다. 대지지분을 많이 가지고 있으면 나중에 주택을 허물고 다시 집을 지을 때 상대적으로 유리하다.

Q. 단독주택을 잘 고르는 요령을 간단하게 설명해달라!

A. 편의상 도심지역의 단독주택을 기준으로 설명하고자 한다. 단독주택은 건물과 대지, 2개의 부동산으로 구성돼 있다. 따라서 건물과 대지를 각각 살펴봐야 한다.

먼저 건물에서는 준공연도, 구조, 관리상태, 층고, 난방의 종류, 채광상태, 이웃 건물과 이격거리 등을 잘 살펴야 한다. 대개 준공된 지 10년 이상 된 주택은 매매할 때 건물 값은 거의 무시된다.

도심의 경우 주택가격의 70~80% 이상을 대지가 차지한다. 건물은 얼마든지 부수고 다시 지을 수 있지만 대지는 그럴 수가 없다. 따라서 주택의 핵심은 대지라 해도 과언이 아니다. 대지는 용도지역, 면적, 모양, 도로와 관계, 경사도, 공급시설(수도, 전기, 도시가스 등)을 꼼꼼히 살펴야 한다.

보편적으로 좋은 대지의 조건은 ①일반주거지역에 있는 ②면적 80~100평 ③ 정사각형 또는 직사각형 모양 ④폭 4m 이상의 도로가 북쪽이나 동쪽으로 접하며 ⑤경사가 없는 평지 ⑥50m 거리 이내에 상하수도, 전기, 도시가스 공급시설이 설치돼 있어야 한다.

Q. 돈 되는 아파트를 고르는 간단한 방법을 알려달라.

A. 한마디로 요약하면 '곧 주변이 좋아지는' 아파트를 사면 된다. 가격 상승이 목표라면 이미 '갖춰진 아파트'보다는 '곧 좋아지는 아파트'을 선택하라는 얘기다. 지하철이나 고속도로 개통, 대형마트 입점, 우수학군 유치, 편의시설 설치 등은 가격 상승의 주요 재료다.

Q. 아파트를 분양받았는데 아직 준공 전이다. 분양권도 주택 수에 포함이 되는가?

A. 아파트 분양권은 잔금청산 전까지 주택으로 보지 아니하며 주택의 수에도 포함되지 않는다. 분양아파트의 취득시점(주택으로 인정되는)은 원칙적으로 잔금청산일로 한다. 다만 잔금청산일보다 소유권이전이 먼저 된 경우에는 소유권이전등기 접수일을 취득시점으로 본다. 잔금청산일까지도 준공이 나지 않은 경우에는 해당 아파트의 사용승인일(사실상의 사용일 또는 임시사용승인일 중 빠른 날)을 취득일로 본다. 즉 아파트 분양권은 취득시점부터 주택으로 간주한다.

Q. 세컨드하우스(말 그대로 두 번째 집이란 뜻. 주말이나 휴가기간 중에 여유로운 시간을 즐길 수 있도록 마련된 집)를 짓기 위해 전원주택 부지를 물색 중이다. 중요하게 고려해야 할 것은 무엇인가?

A. 전원주택지를 고를 때 중요한 체크리스트는 다음과 같다.

①진입로가 반드시 확보돼야 한다. 도로가 없으면 건축허가를 얻을 수 없을 뿐만 아니라 진입로를 확보하는 데 많은 비용이 들 수 있다.

②전기공급이 원활해야 한다. 전봇대가 멀리 떨어져 전기를 끌어들이는 데 추가적인 비용이 발생한다.

③상수도 공급이 되지 않으면 지하수 개발이 용이해야 한다. 도심과 달리 상수도 연결 자체가 불가능한 경우에는 지하수를 개발해야 한다. 지대가 너무 높거나 암반이 많은 지역은 지하수 개발이 어렵다.

④민가로부터 너무 멀지 않아야 한다. 급한 일이 생겼을 때 이웃에 도움을 요청할 정도의 거리는 돼야 한다.

⑤경사가 심한 산이나 강가로부터 어느 정도 거리를 두어야 한다. 시골은 산사태나 자연재해로부터 어느 정도 안전한 위치를 골라야 한다.

⑥자동차 기준으로 30분 이내의 거리에 마트나 재래시장, 병의원이 있어야 한다.

⑦공장이나 축사로부터 적당한 거리를 유지하여야 한다. 공장이나 축사가 있으면 소음과 냄새가 심해 불편할 수 있다.

업무용 부동산은 주택에 비해 구조와 종류가 단순하고, 이용 및 관리가 편리하다. 주택과 달리 신경 쓸 일도 별로 없다. 하지만 세금에 대한 부담이 크고, 공실이 발생할 경우 비용부담도 만만치 않다. 주택과 달리 업무용 부동산 분야는 전문적인 부동산 지식이 필요하다. 경매 및 임대사업을 투잡 개념이 아닌 업으로 삼을 사람이라면 업무용 부동산에 대해 꼭 알아두어야 한다.

chapter
05

현장에서 통하는 실전경매
: 업무용 부동산 공략하기

01 업무용 부동산의 종류

설명의 편의를 위해 이 책에서는 '업무용 부동산=사무실 용도의 부동산'으로 정의하기로 한다. 지금 책을 읽고 있는 독자들 중 상당수는 거의 매일 회사로 출퇴근하며 사무실의 한 공간에서 근무하고 있을 것이다. 사무실로 이용되는 부동산은 한두 사람이 겨우 근무하는 소규모 사무실부터 수천 명 직원이 근무하는 대기업 사옥까지 그 규모와 종류는 매우 다양하다. 특히 도심의 경우 건물의 상당수가 업무용으로 구성돼 있다. 임대시장에서 사무실이 차지하는 비중도 매우 높은 편이다.

경매에서도 사무실 용도의 부동산은 좋은 투자처가 된다. 주택은 전세비율이 높은 편이다. 이에 반해 사무실은 대부분 월세로 세를 놓기 때문에 매월 고정적인 임대수익을 얻을 수 있다. 비교적 관리도 쉬운 편이다.

업무용 부동산의 특징과 종류, 그에 따른 장단점은 무엇인지 알아보자. 업무용(사무실) 부동산을 종류별로 구분하면 대략 다음과 같이 나눌 수 있다.

근린생활시설

아파트 단지나 주택가와 인접해 있는 부동산으로 주로 5층 이내 건물의 점포 또는 주택과 섞여 있는 형태가 일반적이다. 사무실로 쓰이는 부분은 1층보다는 2층 이상이 대부분을 차지한다. 10명 이내의 직원들이 사용하는 소규모로 전용면적이 150㎡ 이내가 주류를 이룬다. 주로 직업소개소, 병의원, 학원, 법무사·세무사 사무소, 쇼핑몰 사무실, 인테리어 사무실 등으로 사용된다. 목이 좋은 1층은 부동산중개사무실로 이용되는 경우가 많다. 근린생활시설은 배후단지의 규모나 주거수준에 따라 업종의 종류와 규모가 달라진다.

오피스텔

원래 오피스텔은 주거와 업무 겸용을 의미한다. 주택과 사무실 두 가지 용도 모두 사용 가능한 구조와 시설을 갖추고 있다는 뜻이다. 하지만 최근 우리 주변에 지어진 오피스텔을 살펴보면 침실과 주방이 잘 꾸며진 주거 중심의 오피스텔이 훨씬 많다는 것을 알 수 있다. 이는 2000년대 이후 임대사업이 번성하고 정부의 다주택자에 대한 세금이 강화되면서 나타난 일종의 풍선효과로 볼 수 있다. 오피스텔은 실제 주거용으로 사용되더라도 건축법상 '주택'으로 분류되지 않는다. 주택을 1채 가진 사람이 오피스텔을 하나 더 사더라도 1주택자로서의 양도세 면제 혜택을 누릴 수가 있다. 오피스텔은 주로 역세권 상업지역에 지어지는데, 교통이 편리하고 각종 편의시설이 잘 갖춰져 있다. 이런 이유로 젊은 층이나 1인가구에게서 특히 인기가 높다.

앞서 언급한 것처럼 오피스텔은 '주거+업무' 겸용으로 지어진 만큼 실제 투자를 할 땐 그 주된 용도가 어디에 초점이 맞춰져 있는지를 잘 살펴봐야 한다. 바닥에 난방이 되고 침실과 주방, 욕실, 세탁기 등이 잘 갖춰진 경우라면 사무실보다는 주거용으로 사용하는 것이 훨씬 적합하다. 업무용 오피스텔의 경우 침실이 없거나 주방이나 욕실이 차지하는 비중이 작고 사무실의 공간이 넓으며 바닥 난방이 되지 않는 경우가 많다. 중앙냉난방 시설로 된 경우가 많으므로 근무시간(보통 09시~18시) 이외에는 냉난방의 공급이 중지된다. 업무 중심 오피스텔은 개인사무실이나 소규모 법인사무실, 쇼핑몰 사무실 또는 전문직 사무실로 많이 사용된다.

대형 오피스빌딩

주로 시내 중심가에 위치하고 있으며 10층 이상 대규모 건물이다. 건물 전체가 대부분이 업무용(사무실)으로 구성돼 있거나 저층에 은행이나 대형점포가 입점해 있는 경우도 있다. 대체로 대로변에 위치하여 눈에 잘 띄고 접근성이 좋으며, 주차 등 편의시설이 잘 갖춰져 있다. 통건물(1인 소유)인 경우 고가여서 일반 개인이 투자대상으로 삼기가 쉽지 않다. 개인 투자자들은 집합 건물형태로 지어서 분양한 층 단위 또는 각 호수별 투자가 적합하다. 오피스빌딩은 입지와 접근성, 전용면적 비율, 평당 관리비, 주차시설 등에 따라 선호도가 달라지므로 투자금액과 함께 수요분석에도 가별히 신경을 써야 한다.

아파트형 공장(지식산업센터)

아파트형 공장은 3층 이상의 집합건물로 6개 이상의 공장이 입주할 수 있는 건물을 말한다. 정부의 산업활성화 정책으로 지어졌다. 서울의 가산·구로디지털단지, 영등포, 성수동 일대를 비롯해 성남, 판교, 하남 등 수도권 지역에 주로 분포해 있으며 요즘은 '지식산업센터'로 불린다. 정부의 지원정책에 따라 취득세, 재산세 할인 혜택이 주어져 2000년대 이후 많이 지어졌다. 예전부터 '아파트형 공장'이라고 불려 굴뚝이 있는 공장으로 생각하는 사람도 많은데, 실상은 IT업체나 벤처기업이 입점해 사용하는 경우가 대다수다. 아파트형 공장은 수요층이 두텁고 수익률이 높아 최근 투자자들에게 인기가 높다. 2~3억 원 정도의 소형사무실부터 40~50억 원대 대형사무실까지 다양한 투자가 가능하다. 임차인은 대부분 중소기업체가 주류를 이룬다. 주의할 것은 아파트형 공장은 중소기업진흥법에 따라 임대업종과 입주자격에 제한을 두는 경우가 있기 때문에 부동산을 매입하기 전에 해당지역과 해당물건에 대한 제한여부를 꼼꼼히 따져봐야 한다.

02 업무용 부동산의
장단점

　주택과는 달리 업무용 부동산은 관리나 임대를 하기 위해서 여러 가지 전문적인 지식이 필요하다. 주택이 생활밀착형이라면 업무용 부동산은 별도의 전문 영역으로 볼 수 있다. 임대사업을 직업으로 꿈꾸는 사람이라면 업무용 부동산에 대해 꼭 알아야 한다.

　먼저 업무용 부동산의 장단점에 대해 알아보자. 앞서 정의한 것처럼 '업무용 부동산=사무실 용도'로 인식하고 읽기 바란다.

업무용 부동산의 장점

일단 사무실은 주택에 비해 구조와 종류가 매우 단순하다. 소유권은 대부분 집합건물의 한 호수로 구분돼 있으며, 구조는 직사각형 또는 정사각형으로 내부가 주로 하나의 공간으로 이루어져 있다. 때문에 주택과 달리 외형이나 구조에 따른 선호도가 크게 갈리지 않는다. 사무실의 장점에 대해 구체적으로 살펴보자.

첫째, 이용 및 관리가 편리하다.

주택은 '집'이라는 좁은 공간에서 의식주를 모두 해결해야 하기 때문에 필요한 시설도 많고 유지와 관리에 많은 노력을 기울여야 한다. 반면 사무실은 '업무' 한 가지 용도로만 사용되기 때문에 기본적으로 '공간'의 제공 외에는 크게 신경 쓸 것이 없다. 하루의 거의 대부분을 거주자가 사용하는 주택에 비해 사무실은 사용시간이 대개 하루 8시간(보통 09시~18시) 전후로 적다. 때문에 임대를 주는 소유자 입장에서는 신경쓸 부분이 훨씬 적다. 실제로 낡은 주택을 임대 놓을 경우 임차인이 바뀔 때마다 도배·장판을 새로 하거나 화장실 수리, 보일러, 싱크대 교체 등 크고 작은 지출이 발생한다. 하지만 사무실은 이런 잡다한 지출이 거의 없다.

둘째, 장기 임차고객이 많다.

주택의 경우 임대차계약 기간이 2년 단위로 체결되기 때문에 임차인이 비교적 자주 바뀐다. 아무리 집주인과 세입자가 좋은 관계를 유지하더라도 세입자의 내 집 마련이나 직장문제 또는 자녀교육문제 등 갖가지 이주 사유가 발생하기 마련이다. 세입자가 자주 바뀌게 되면 집주인 입장에서는 매번 부동산중개수수료나 집수리 비용을 추가로 부담해야 한다. 반면 사무실은 한 번 들어온 임차인은 사업이 망하거나 사세확장을 위해 넓은 곳으로 이전하는 경우를 제외하면 웬만해서는 잘 움직이지 않는다. 사무실은 주택과 달리 법이 정한 계약갱신기간이 최대 5년으로 주택에 비해 훨씬 길다. 이와 같은 이유 때문에 사무실은 장기 임차인이 많아 임대인이 신경 쓸 일이 적은 편이다.

셋째, 컴플레인(불평, 불만)이 적다.

주택은 주로 개인이 대상이 되고, 사무실은 회사가 대상이 된다. 주택의 임차인은 각 개인별로 성향이 천차만별이어서 요구사항도 각양각색이다. 실제 임대사업을 하다 보면 정말 특이한 사람을 많이 만나게 된다.

한 예로 몇 해 전 방 2칸짜리 빌라를 임대해준 적이 있다. 어느 날 밤 12시가 넘은 시각에 세입자로부터 전화가 왔다. 형광등이 고장 났으니 빨리 조치를 취해달라는 것이다. 통상 형광등이나 소모품의 교체, 수리는 임차인의 몫이지만 막무가내인 사람을 만나면 방법이 없다. 또 한번은 설날에 명절을 보내기 위해 고향으로 가고 있는데 임차인이 전화를 걸어왔다. 동파로 위층에서 물이 샌다며 빨리 와서 고쳐달라고 난리를 치는 바람에 곤란을 겪기도 했다. 이처럼 주택의 임차인은 집주인이 아무리 신경을 써도 특이한(?) 성격의 소유자를 만나면 임대기간 동안 끊임없이 시달릴 수밖에 없다. 그에 비해 사무실은 원천적으로 컴플레인의 소지가 적을 뿐더러 설사 있다 하더라도 1차적으로 관리사무소를 통해 상당부분 문제가 해결된다.

업무용 부동산의 단점

하지만 이런 장점에도 불구하고 사무실의 특성상 몇 가지 단점이 있다.

첫째, 세금 부담이 크다.

주택의 경우 소유권을 취득할 때 납부하는 취등록세가 1~3%로 비교적 저렴하다. 매입금액이 6억 원 미만인 주택을 사게 되면 취등록세는 취득금액의 1%로 여러 채를 사더라도 부담이 적다. 하지만 업무용 부동산의 취등록세는 취득금액의 4.6%로 매우 높은 편이다. 5억 원짜리 부동산을 산다고 했을 때 주택은 취등록세가 500만 원인데 반해 사무실은 2,300만 원이나 된다.

무주택자가 주택을 취득하면 2년 보유 후 팔았을 때 1가구 1주택자로서 양도세가 면제되는 반면, 사무실에 대해서는 이러한 양도세 면제 혜택이 전혀 없다. 업무용 부동산은 단 1,000만 원의 소득이 생기더라도 이에 따른 양도세를 신고·납부해야 한다.

보유기간 동안 내는 세금도 마찬가지다. 사무실은 대부분 임차인이 사업자이기 때문에 임대료에 대한 세금계산서 발급이 필수적이다. 따라서 부가세와 종합소득세 납부의무가 발생한다. 소득세는 임대소득 금액에 따라 6~38%를 납부해야 한다. 이 외에도 일정 규모 이상이면 교통유발부담금도 부담하게 된다.

Tip. 부동산 취득세율(2017년도)

구분		면적	취득세	농특세	교육세	합계
주택	6억 이하	85m² 이하	1.00%	0.00%	0.10%	1.10%
		85m² 초과	1.00%	0.20%	0.10%	1.30%
	6억 초과 9억 이하	85m² 이하	2.00%	0.00%	0.20%	2.20%
		85m² 초과	2.00%	0.20%	0.20%	2.40%
	9억 초과	85m² 이하	3.00%	0.00%	0.30%	3.30%
		85m² 초과	3.00%	0.20%	0.30%	3.50%
주택 외(토지, 건물, 상가 등)			4.00%	0.20%	0.40%	4.60%
농지	신규		3.00%	0.20%	0.20%	3.40%
	2년 이상 자경자가 취득		1.50%	0.00%	0.10%	1.60%
상속	농지		2.30%	0.20%	0.06%	2.56%
	농지 외		2.80%	0.20%	0.16%	3.16%
신축(원시취득)			2.80%	0.20%	0.16%	3.16%
증여(무상취득)			3.50%	0.20%	0.30%	4.00%

둘째, 공실이 생기면 비용부담이 크다.

대체로 주택보다 사무실의 관리비가 비싸다. 30평형 아파트의 경우 보통 기본 관리비가 월 10~20만 원대라고 하면 같은 면적의 사무실은 이보다 2배 이상 비싼 경우도 많다. 임차인을 제때 구하지 못해 장기간 공실이 이어진다면 이에 따른 비용부담은 당연히 클 수밖에 없다. 극단적인 경우 관리비 부담을 덜기 위해 주택은 가까운 지인에게 관리비만 납부하는 조건으로 무상임대를 주기도 한다. 그나마 주택은 들어오겠다는 사람을 쉽게 구할 수 있다. 하지만 사무실은 그런 수요도 많지 않기 때문에 한 번 공실이 나기 시작하면 공실기간이 길게 이어질 가능성이 높다. 공실 상태면 임대료는 고사하고 비싼 관리비만 기약 없이 내야 한다.

셋째, 차임이 밀렸을 때 받아내기가 쉽지 않다.

주택은 대부분 가족단위로 거주하기 때문에 어느 시간대든 집 안에서 사람을 만날 수 있다. 반면 사무실은 평일 업무시간 이외에는 근무자가 아무도 없는 경우가 대다수다. 보통 주택이나 사무실 임대를 줄 때 보증금과 월세를 정해 임대를 놓게 된다. 보증금은 임차인이 월세를 제때 지불하지 않거나 임대차기간 만료 후 원상회복이나 손해배상 등을 위한 담보의 성격을 지닌다. 보통 월세가 1~2회 밀리면 집주인은 세입자에게 전화 등을 통해 독촉을 해서 밀린 월세를 받는다. 하지만 사무실은 임차인이 대부분 법인 사업자다. 때문에 회사 담당자에게 연락을 해도 미온적인 태도로 일관하거나 대표(사장)에게 직접 얘기하라며 책임을 전가하는 경우가 많다. 심한 경우 회사가 망하거나 보증금을 전부 소진한 상태에서 모든 직원이 잠적해버리기도 한다. 이런 경우엔 문제해결이 더욱 복잡해진다. 특히 사무실에 두고 간 책상이나 컴퓨터 등 집기가 남아 있으면 임의로 처리하기도 어렵다. 법적인 절차를 거치더라도 상당한 시간과 비용이 소요된다. 주택은 집 안에 가족 중 한두 사람은 늘 상주하기 때문에 연락이 끊길 가능성이 적고, 야반도주를 하더라도 짐을 두고 가는 경우는 흔치 않다.

03 이것만은 알고 가자!
상가건물임대차보호법

상가, 사무실, 오피스텔은 '상가건물임대차보호법'의 적용을 받는다. 다음 장에서 다루게 될 상가뿐만 아니라 사업자등록을 하는 임차인은 이 법의 적용대상으로 보면 된다. 상가건물임대차보호법은 영세상인 (사업자)을 주된 보호 대상으로 한다.

이 법은 '영리를 목적으로 하는 사업자'를 그 적용대상으로 한다.

따라서 비영리 사업자나 종교단체, 향우회, 종친회 등의 사무실은 상가건물임대차보호법의 적용을 받지 아니한다. 주택임대차보호법은 보증금액에 상관없이 모든 임차인이 보호를 받을 수 있지만, 상가건물임대차보호법은 일정금액(서울시 기준으로 환산보증금 4억 원) 이상인 세입자는 이 법의 적용대상에서 제외된다. 다시 말해 주택은 전세보증금의 많고 적음에 상관없이 법의 보호를 받을 수 있지만, 상가의 경우 영세상인(서민계층 이하의 상인)만 이 법의 보호를 받을 수 있다는 의미다.

상가건물임대차보호법에서 정한 임차인의 계약 갱신 요구권한은 최장 5년이다.

즉 상가건물의 임차인이 최초 임대인과 상가계약을 할 때 계약기간을 1년으로 정했다고 하더라도 최장 5년까지 연장해줄 것을 요구할 수 있다는 의미다. 임차인이 5년까지 요구하면 임대인은 이를 거절하지 못한다. 하지만 예외 규정이 있는데 ①임차인이 월세를 3번에 해당하는 금액만큼 연체한 경우 ②임대인 동의 없이 용도변경을 한 경우 ③임대인 동의 없이 불법으로 전대를 한 경우 ④건물의 재건축 사유 등이 있을 경우에는 임차인의 5년 갱신 요구를 임대인이 거절할 수 있다.

특히 상가의 경우 기존 임차인이 다른 사람에게 가게를 넘길 때 일정 금액의 권리금을 받고 넘기는 경우가 많다.

이럴 경우 임대인은 임차인이 권리금을 받는 행위에 대해 방해하면 안 된다. 이 조항은 최근에 생긴 것인데, 그동안 권리금으로 인해 임차인과 임대인의 다툼이 많아 새로이 법을 개정했다.

Tip. 상가의 권리금이란

임차인이 장사를 하기 위해 본인이 설치한 시설 및 인테리어 비용과 그동안 장사를 하면서 확보한 단골고객 등 유·무형의 자산을 모두 합쳐 '권리금'이라고 한다. 하지만 실무상 권리금은 그 지역의 상권에 따라 형성되기 때문에 기존 업종과 전혀 다른 업종이 들어와 기존 시설을 전부 철거하고 새로운 시설을 설치하더라도 소위 말하는 '바닥권리금'을 주고받는 경우가 대부분이다. 즉 기존 업종에 대한 승계여부보다는 상가의 위치나 유동인구가 얼마나 많으냐에 따라 권리금의 수준이 달라진다는 것이다. 때문에 음식 맛이 없어서 파리 날리던 식당도 위치만 좋으면 얼마든지 높은 금액의 권리금을 받고 넘길 수가 있다.

상가건물임대차보호법상 대항력의 발생시점은 '사업자등록일' 이후부터다.

주택은 주민등록 전입일이지만 업무용은 '사업자등록일'이 그 기준일이 된다. 그런데 주의해야 할 것이 있다. 주택의 경우 경매진행사실 자료만 있으면 전국 어느 주민센터에서든 전입세대열람 신청이 가능하다. 하지만 업무용은 다르다. 경매 진행 중인 상가건물에 대해 입찰자에게는 사업자등록열람 신청이 허용되지 않는다. 따라서 사무실, 상가의 임차인 분석을 할 때에는 법원의 물건명세서나 현장조사를 통해 꼼꼼히 확인하는 수밖에 없다.

상가건물임대차보호법에서는 월세도 중요한 기준이 된다.

상가건물임대차보호법의 시행일은 2002년 11월 1일부터다. 이 법이 주택과 다른 것은 환산보증금을 적용하는 것이다. 따라서 임대차 기간 중에 월세를 올리면 법에서 정한 기준을 벗어나 소액임차인 보호대상에서 제외되기도 한다. 또 보증금과 월세를 합쳐서 적용하기 때문에 비슷한 조건이라도 보증금과 월세의 비율에 따라서 소액임차인의 기준을 넘나들 수도 있다.

예를 들어 현재 서울시의 소액임차인은 기준은 환산 보증금 6,500만 원 이하일 때 최우선 변제금 2,200만 원까지 우선보호대상이다. 보증금이 3,000만 원이라면 월세는 35만 원 이하여야 한다(환산보증금: 보증금 3,000만 원+월세35만 원×100=6,500만원).

하지만 위 임차인은 경매가 진행되면 소액임차인으로서 배당받을 수 있는 최대금액이 2,200만 원이므로 800만 원의 손해가 생긴다. 따라서 임차인은 임대차계약을 맺을 때 보증금 3,000만 원에 월 35만 원의 조건이 아니라 보증금액을 2,000만 원으로 낮추고 월세를 45만 원으로 조절한다면 경매가 진행되더라고 보증금의 손실은 전혀 없다.

Tip. 상가건물임대차보호법상 소액임차인 기준

기준일	지역	적용대상 환산보증금	최우선변제적용 금액
2002년 11월 1일~ 2008년 8월 20일	서울특별시	2억4000만 원 이하	4500만 원 이하
	수도권 과밀억제권	1억9000만 원 이하	3900만 원 이하
	광역시 (군지역, 인천시 제외)	1억5000만 원 이하	3000만 원 이하
	기타지역	1억4000만 원 이하	2500만 원 이하
2008년 8월 21일~ 2010년 7월 25일	서울특별시	2억6000만 원 이하	4500만 원 이하
	수도권 과밀억제권	2억1000만 원 이하	3900만 원 이하
	광역시 (군지역, 인천시 제외)	1억6000만 원 이하	3000만 원 이하
	기타지역	1억5000만 원 이하	2500만 원 이하
2010년 7월 26일~ 2013년 12월 31일	서울특별시	3억 원 이하	5000만 원 이하
	수도권 과밀억제권	2억5000만 원 이하	4500만 원 이하
	광역시 (군지역, 인천시 제외)	1억8000만 원 이하	3000만 원 이하
	기타지역	1억5000만 원 이하	2500만 원 이하
2014년 1월 1일~ 현재	서울특별시	4억 원 이하	6500만 원 이하
	수도권 과밀억제권	3억 원 이하	5500만 원 이하
	광역시 (군지역, 인천시 제외)	2억4000만 원 이하	3800만 원 이하
	기타지역	1억8000만 원 이하	3000만 원 이하

04 업무용 부동산의 투자 사례

경매로 공짜 사무실 마련한 J 씨

강남에 사무실을 두고 무역업을 하던 J 씨는 매달 나가는 임차료 300만 원이 너무 부담스러웠다. 경기가 좋을 땐 상관없지만 요즘 같은 불경기에 직원 월급에 사무실 임대료, 관리비까지 하면 솔직히 벌어서 남 주는 꼴이다. 사무실 임차료라도 저렴하면 좋으련만, 만기 때마다 임대인은 10~20만 원씩 꾸준히 임대료를 올려달라고 한다. 고민을 거듭하던 끝에 경매로 사무실을 매입하기로 했다. 그렇게 경매물건을 물색하던 어느 날 강남역 인근에 위치한 물건이 눈에 띄었다. 3층에 위치한 전용 160㎡의 사무실인데 최초감정가 10억 원에서 2번 유찰돼 6억 4,000만 원에 입찰 예정이었다.

J 씨는 입찰 당일 8억 원을 써내 당당히 최고가 매수인이 되었다. 이

후 6억 원의 은행융자를 더해 잔대금을 납부했다. 은행이자는 연 4%로 월 200만 원가량 내야 했다. 명도를 끝내고 사무실 내부를 직접 보니 생각보다 꽤 넓었다. 궁리 끝에 사무실을 절반씩 나눠 반은 J 씨의 사무실로, 나머지 절반은 임대를 주기로 했다. 그리고 바로 사무실을 반으로 나누는 공사를 시작했다.

얼마 지나지 않아 비슷한 사업을 하던 지인이 J 씨의 사무실에 입주하기로 했다. 보증금 5,000만 원에 월 300만 원으로 하는 조건의 임대차계약을 체결했다.

결국 J 씨는 실투자금 2억1,000만 원[취득금액 8억6,000만 원(8억 원 낙찰+등기비 4,000만 원+명도비 300만 원+공사비 1,700만 원)−대출금 6억 원−임차보증금 5,000만 원]으로 매달 임대료 300만 원을 받아 은행이자(월 200만 원)를 제외한 100만 원의 수익을 얻게 되었다. 거기에 덤으로 공짜 사무실까지 챙기게 됐다.

4,000만 원 투자해서 월 150만 원 버는 S 씨

주식과 채권투자를 전문으로 하는 S 씨는 불규칙한 수익이 늘 걱정이었다. 한때 주식투자로 큰돈을 벌기도 했지만 나이가 들수록 늘어만 가는 지출과 자녀 교육비가 고민이었다. 그러던 중 지인의 소개로 경매투자에 참여하게 됐다.

S 씨의 관심을 끈 물건은 강동구 천호동 현대백화점 뒤에 있는 19층 주상복합 빌딩의 3층 상가. 최초감정가 7억1,200만 원에서 3번 유찰돼 최저입찰금액은 감정가의 절반인 3억6,400만 원. 8호선, 5호선 더블역

세권에 현대백화점과 이마트가 인접해 있고 유동인구가 많은 대로변이라 임대수익용으로 제격이라 판단했다.

입찰 결과 경쟁자를 물리치고 4억390만 원으로 기분 좋게 최고가 낙찰자로 선정됐다. 한 달 뒤 경락잔금대출 3억6,360만 원(월이자 120만 원)을 받고 잔금납부와 함께 소유권이전등기를 마쳤다. 그리고 얼마 후 국내 유명 백화점과 보증금 2,000만 원에 월 270만 원으로 임대차계약을 맺었다.

S 씨가 상가에 실제 투자한 돈은 5,140만 원(낙찰가 4억390만 원에서 대출금과 임차보증금을 제외한 금액)이다. 매월 받는 월세(270만 원)에서 은행이자(120만 원)를 제외하면 월 순수익은 150만 원. 연 수익률로 계산하면 150만 원×12개월=1,800만 원÷5,140만 원=35%.

은행 예금금리(2%)보다 17.5배나 높은 어마어마한 수익률이다.

S 씨가 처음 부동산에 임대의뢰를 할 땐 임차 보증금이 5,000만 원이었으나 임차인이 개인이 아닌 대기업이라 보증금을 파격적으로 할인해 2,000만 원으로 계약했다.

만약 보증금을 원래대로 5,000만 원 받았다면 투자금액 대비 수익률은 훨씬 더 높았을 것이다. 어쨌든 난생 처음 부동산을 사서 매달 통장에 찍히는 월세를 보고 있는 S 씨는 "효자 아들을 하나 둔 것 같아 너무 뿌듯하다"며 싱글벙글한다.

유동성 갖춘 작은 사무실 활용법

나는 "유목민" 소리를 들을 만큼 사무실을 자주 옮겨 다녔다. 1~2년에 한 번은 이사를 다녔다. 사무실에 대한 투자방식 때문이다. 사실 나는 크게 사무실이 필요하지 않다. 책상에 컴퓨터 한 대만 있으면 업무가 가능하기 때문에 사무실 선택의 폭이 매우 넓다. 하지만 업이 업인지라 사무실 역시 늘 투자 목적으로 매입을 했다.

방법은 간단하다. 지하철역과 가까운 60~200㎡ 규모의 사무실 용도의 물건이 경매로 나오면 적당한 금액에 낙찰을 받는다. 간단하게 인테리어를 해서 쓰다가 적당한 사람이 나타나면 처분하는 방식이다. 손님에게 물건을 보여줄 때 공실인 상태보다 입주자가 있는 상태에서 물건을 보여주는 것이 성사 확률이 높다. 때문에 사무실을 낙찰받으면 대부분 일정기간 입주해 쓰다가 처분하곤 한다. 이 방법이 가능했던 이유는 첫째, 사무실 집기가 매우 단출했고 둘째, 서울 시내 역세권 근처면 어디든 업무를 보는 데 불편함이 없었기 때문이다.

이렇게 해서 거의 1~2년에 한 번꼴로 이사를 다녔다. 당시에는 나름 만족스러웠다. 어찌됐건 내가 원하는 금액에 사겠다는 사람이 나타나 어렵지 않게 거래가 성사됐다. 하지만 문제는 세금이었다. 매번 팔 때마다 차액의 절반가량이 세금으로 빠지는 게 아닌가. 보유기간 1년 미만 50%, 2년 미만 40%의 양도세율 때문이다. 그래서 최근엔 방법을 바꿨다. 되도록 3년 이상 보유하는 것으로 말이다.

투자의 관점에서 주택과 비주택(상가, 사무실 등)의 가장 큰 차이점은 무엇일까?

내가 보기엔 '양도소득세의 비과세 유무'가 아닌가 싶다. 주택은 자기

집 한 채만 가지고 2년 이상 보유하면 몇 억이 남든 양도세를 전혀 내지 않아도 된다. 하지만 다른 부동산은 자가 소유로 몇 년을 가지고 있더라도 차익이 생기면 일정한 금액의 양도세를 내야 한다. 양도세를 안 내는 유일한 방법은 이익 없이 파는 것이다.

세금을 줄이는 방법이 전혀 없는 것이 아니다. 그것은 바로 '보유기간을 늘리는 것'이다. 장기보유특별공제를 활용하면 된다. 장기보유특별공제는 부동산을 3년 이상 보유했을 때 양도차익의 10%에서 최대 30%까지 공제를 받을 수 있는 제도다.

Q&A로 풀어보는 알쏭달쏭한 부동산 상식 ⑤
업무용 부동산

Q. 단독주택을 사무실로 사용해도 법적으로 문제되지 않나?

A. 법적으로 문제될 것은 없다. 실제로 단독주택을 임대해서 사무실로 사용하는 경우도 많다. 주차장 등 이용에 불편이 없다면 사무실 또는 작업실로 사용하는 것은 얼마든지 가능하다. 다만 사무실로 이용하기 위해 용도를 변경하거나 불법으로 증축하는 경우 해당 관청으로부터 이행강제금이 부과될 수 있다.

Q. 사무실을 원룸, 주택으로 용도변경해서 사용해도 법적으로 문제는 없는가?

A. 적법한 절차를 거치면 가능하다. 구청에 신고를 하고 용도를 변경하면 주거용으로 사용이 가능하다. 사무실이나 상가를 주택으로 개조할 때 가장 문제가 되는 부분은 주차장 확보다. 서울시조례에 따르면 다가구주택은 가구당 0.7대의 주차장을 확보해야 한다.

Q. 임차한 사무실이 비슷한 규모의 옆 건물보다 관리비가 2배 가까이 비싼데 왜 그런가?

A. 오피스 건물 대부분이 자체 관리 또는 위탁 관리를 하고 있다. 관리비는 건물의 연면적, 노후도, 부대시설, 냉난방 종류, 인건비 등 여러 가지 요소에 의해 결정된다. 비슷한 조건인데 관리비가 크게 차이 난다면 운영상의 문제일 수도 있다. 최근에는 빌딩전문 관리업체가 많이 생겼다. 공개입찰 방식으로 위탁관

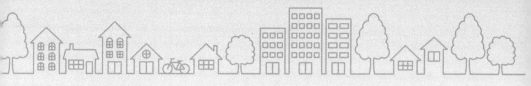

리를 맡기거나 무인 자동화 시스템 도입 등으로 저렴하고 효율적인 관리가 가능하다.

Q. 오피스텔은 업무시설인가, 주택인가?

A. 건축법상 업무시설이다. 원래 오피스텔은 오피스와 호텔의 합성어로 업무를 주로 하되 일부 숙식기능을 갖춘 건축물을 의미한다. 하지만 현실에서는 대다수 주거형 원룸구조로 지어진다. 즉 건축법상 업무시설이지만 사실상 주택인 경우가 많다.

Q. 전용률은 무슨 뜻인가?

A. 전용률이란 분양면적에서 복도, 계단, 기계실, 관리사무소 등 공용시설 면적을 제외한 면적이 전체 분양면적에서 얼마만큼 차지하는지를 백분율로 나타낸 것을 말한다. 전용률이 높다는 것은 실제로 사용하는 전용면적이 넓다는 것을 의미한다.

분양면적 100㎡ 오피스텔의 전용률이 60%라고 한다면 순수하게 내가 사용하는 면적은 60㎡이고, 나머지 40㎡는 공용면적이다. 전용률은 높을수록 유리하다. 분양면적이 똑같은 오피스텔을 같은 금액에 분양하는데 전용률이 50%와 60%로 서로 다르다면 당연히 전용률이 높은 것을 사야 한다. 흔히 얘기하는 평당 분양가 또는 평당 관리비는 모두 분양면적을 기준으로 산정한다.

Q. 아파트와 오피스텔에 공급되는 전기는 다르다고 하는데 어떤 차이가 있는가?

A. 가정용과 산업용 전기의 차이다. 아파트에 공급되는 전기는 가정용으로 누진세가 적용된다. 하지만 오피스텔에서는 요금이 싼 산업용 전기가 공급된다. 쉽게 얘기해서 산업용 전기를 사용하는 오피스텔에서는 여름철 에어컨을 팡팡 틀어도 누진세가 붙지 않아 전기요금이 저렴하다.

Q. 사무실을 임대 놓는 경우 임대사업자등록을 꼭 해야 하나?

A. 무상사용이 아니면 원칙적으로 임대사업자등록을 해야 한다. 특히 임차인이 사업자이면 매월 받는 월세에 대한 부가가치세 영수증을 발급해야 한다. 부가가치세는 월세의 10%로 임대차계약서를 작성할 때 '부가세 별도'라는 문구를 넣으면 된다.

Q. 오피스텔을 고르는 요령을 알려달라.

A. 대략 아래의 6가지를 체크하면 된다.

① 전용률이 높은 곳.

② 교통이 편한 곳. 지하철이나 대중교통의 이용이 편리한 곳이어야 한다.

③ 옵션이 잘 갖춰져 있는 곳. TV, 냉장고, 세탁기, 침대, 에어컨 등 옵션은 많을수록 좋다.

④ 채광이 좋고 소음이 적은 곳. 오피스텔은 업무시설로 일조권의 규제를 받지 않는다. 때문에 동간 거리가 좁고 옆집 소음이 그대로 전달되는 경우도 많다.

⑤ 주차 및 편의시설이 잘 갖춰져 있는 곳.

⑥ 관리비가 저렴한 곳.

Q. 한 사무실에 여러 개의 사업자등록이 가능한가?

A. 가능하다. 사업등록을 할 때 필수서류 중 하나가 임대차계약서(또는 소유권 취득)다. 실제 하나의 사무실에 여러 명의 사업자가 합동 사무실의 형태로 사무실을 공유하기도 한다. 업종에 따라서는 사업자 등록신청을 할 때 해당 관청에서 방문해 실사를 하기도 한다. 간혹 별도로 구분된 구조가 아니면 사업자등록이 반려되기도 한다. 따라서 독립된 구조를 요하는 업종인 경우 칸막이 등 별도시설을 설치해야 한다.

Q. 소호 사무실은 어떤 사무실을 말하는가?

A. 소호(SOHO: Small Office, Home Office) 사무실은 1인 사무실 또는 소규모 사무실을 의미한다. 본래는 새로운 아이디어를 가지고 집을 사무실로 삼고 일하는 개인사업자란 뜻이지만 통상 소규모 사무실 전체를 통칭할 때 쓰인다. 주거용으로 따지면 고시원과 비슷한 구조로 이해하면 된다. 각 호수별로 개인 사무실을 사용하면서 휴게실이나 회의실 등은 공동으로 이용하는 형태다. 임시로 사무실이 필요하거나 인터넷 쇼핑몰, 사업자 등록이 필요한 사람들이 주로 이용한다. 서울 강남의 테헤란로나 역세권의 업무지역에 주로 많다.

Q. 렌트프리(Rent Free)란 무슨 뜻인가?

A. 렌트프리란 일정기간 동안 월세를 면제해주는 임대차계약방식을 말한다. 주

로 사무실 또는 상가 임대차계약에서 볼 수 있다. 예를 들어 보증금 5,000만 원에 월 200만 원을 지급하는 조건으로 2년간 임대차계약을 맺었다고 하자. 이때 임차인에게 렌트프리 6개월의 혜택을 준다면, 임차인은 보증금 5,000만 원을 지급한 후 6개월 간 월세 없이 공짜로 사용하다가 7개월째부터 2년 만기 때까지 월세를 지급하면 된다.

렌트프리는 상권이 제대로 형성되지 않은 신규분양 단지나 공실이 많은 지역 에서 주로 행해진다. 렌트프리가 성행하는 지역은 수요에 비해 공급이 넘치거 나 임차인이 다른 곳으로 옮겨 공실이 급증하는 지역으로 이런 지역에 투자를 할 때에는 특히 주의해야 한다.

Q. 교통유발 부담금이란 무엇인가?

A. 혼잡한 도시 교통을 완화하기 위해 일정 규모(바닥면적 합계 1,000㎡) 이상의 상가, 사무실 소유자에게 부과하는 부담금이다. 도시교통정비촉진법에 의해 1990년부터 시행되었으며 부과대상 지역은 상주인구 10만 이상의 도시지역 이다. 부담금은 '바닥면적 합계×단위부담금×시설물용도별교통유발계수'로 산정한다. 부과기간은 전년도 8월 1일부터 당해 연도 7월 31일까지이고, 매년 7월 31일에 해당 건물 소유자에게 부과된다. 다만 해당 건물이 일정기간 동안 사용되지 않았다면 공실기간만큼 부담금을 면제 받을 수 있다. 교통유발 부담 금은 건물 규모에 따라 부과여부가 결정되기 때문에 동일한 지역이라 하더라 도 작은 건물의 소유자에게는 부과되지 않는다.

Q. 사무실 임차인이 6개월 넘게 월세를 입금하지 않고 막무가내로 버티고 있다. 건물주가 임의로 단전, 단수를 해도 되나?

A. 신중히 판단해야 할 사안이다. 임대차 계약 체결 당시 '월세를 미납할 경우 임대인이 임의로 단전, 단수를 할 수 있다'는 별도의 특약이 없으면 섣불리 해서는 안 된다. 자칫 업무방해로 형사고발을 당할 수 있다.

Q. 업무용 부동산으로 알고 입찰했는데 알고 보니 임차인이 주거용으로 사용 중이다. 사무실을 주택으로 불법 개조해서 사용해도 임차인은 주택임대차보호법의 보호를 받을 수 있나?

A. 보호받을 수 있다. '주택임대차보호법'은 임대인보다 임차인의 권익보호를 위해 제정된 법이다. 이 법의 적용대상이 되는 주택은 '사실상의 주거용 부동산'이다. 즉 사무실이나 창고 등을 개조하여 방과 욕실을 꾸미고 실제로 주택으로 사용하고 있다면 이는 '주거용'으로 간주된다. 주거용의 판단 여부는 건축물대장상의 용도가 아닌 실제 사용 중인 사실상의 용도이다.

상가는 장사를 하기 위해 지은 건물을 말한다. 조그만 동네 분식집에서 대형마트까지 모두 상가에 해당한다. 여러 부동산 서적에서 업무용 부동산과 상가를 같이 묶어서 설명하는데, 나는 구분지어 설명한다. 상가는 철저히 '상권'에 초점이 맞춰져 있다. 즉 상가가 위치한 자리의 유동인구, 접근성, 유효고객 수 등에 의해 그 가치가 달라지는 것이다. 경매에서 좋은 상가는 어떤 것인지 또 주의할 것들은 무엇인지 알아보자.

chapter
06

현장에서 통하는 실전경매
: 상가 공략하기

01 손 큰 투자자들이 상가를 주목하는 이유

주택과 달리 상가는 임차인 비율이 매우 높다. 주택은 대부분 자가 소유를 원하긴 하지만 당장은 집을 마련할 여력이 안 되어 세를 얻는 경우가 대부분이다. 이에 반해 상가는 구매 여력이 충분한데도 남의 상가를 임차해 장사를 하는 경우가 훨씬 많다. 상가는 창업에 대한 성공 여부가 매우 불확실하기 때문에 몇 년 동안 장사를 해보고 어느 정도 안정이 되면 그제야 상가 매입을 고려하게 된다.

이런 이유로 상가의 임대시장은 그 폭이 매우 넓고 다양하다. 또 상가의 영업이 잘돼 매출이 늘어나게 되면 덩달아 임대료 상승과 함께 상가의 매매가도 상승하는 반사이익을 누릴 수 있다. 특히 새로운 상권이 형성되는 지역에서는 당초 분양받은 상가가 점점 상권이 확대되면서 적게는 2~3배에서 10배가 넘는 높은 임대료 상승의 혜택을 누릴 수도 있다. 상가는 투자금액 대비 수익률이 높고 가격 상승여지가 높아 임대소득과 매매차익이라는 두 마리 토끼 사냥이 가능하다.

또한 상가는 한 번 자리를 잡으면 임차인이 쉽사리 바뀌지 않는다. 주택은 계약기간이 2년 단위로 이루어지고, 실제 2년 후 임차인이 바뀌는 경우가 많다. 하지만 상가는 2년, 3년, 10년 이상 임차인이 바뀌지 않는 경우가 허다하다.

만약 임차인이 바뀌더라도 대부분 현재 임차인이 새로운 임차인을 물색해주기 때문에 건물주가 임차인을 직접 구하는 수고를 들어준다.

주택은 새로운 임차인을 들일 때마다 적게는 도배, 장판부터 싱크대, 화장실 수리 등 일정 부분 집수리 비용이 든다. 하지만 상가는 대부분 임차인 본인들이 자신의 영업용도에 맞게 수천만 원씩 들여가며 인테리어, 리뉴얼 공사를 한다. 따라서 임대인이 따로 지출하는 비용은 거의 발생하지 않는다.

02 좋은 상가,
나쁜 상가

상가의 좋고 나쁨은 '상권'의 좋고 나쁨을 의미한다. '상권'이란 상업 상의 거래가 행해지는 공간적 범위를 말하는 것으로, 상권이 좋다는 것 은 어떤 장사를 하는데 그 가게를 찾아오는 손님이 많아 상대적으로 장 사가 잘되는 것을 의미한다. 간혹 위치가 외지고, 유동인구가 거의 없 는데도 장사가 잘되는 가게가 있다. 이는 상권이 좋아서가 아니라 '가 게 주인의 개별적인 능력'에 의한 것이므로 이를 상권이 좋다고 할 수 는 없다. 상권의 좋고, 나쁨을 판단할 때는 임차인의 개별적인 영업능 력을 배제한 상가 자체의 입지를 통해 그 좋고 나쁨을 판단하는 것이 다. 기본적으로 상권의 좋고 나쁨의 판단은 다음 5가지 기준으로 보면 된다.

첫째, 유동인구

상권분석의 가장 핵심요소다. 가게 앞을 지나다니는 사람의 수는 곧 매출에 비례하기 때문이다. 유동인구를 분석할 때 주의할 것은 주된 유동인구를 파악하는 것이다. 20~30대 젊은 층이 많이 다니는지, 40~50대 중장년층이 많이 다니는지는 연령대를 중심으로 확인해야 한다. 남자가 많이 다니는 길목인지 아니면 여자들이 주로 다니는 상권인지는 성별 위주의 상권 파악이다.

유동인구수와 주된 계층이 어떤 부류에 속하는지에 따라 임대업종이 달라지고, 매출도 달라진다. 따라서 상가를 선택할 때에는 매입대상 상가의 규모와 용도가 유동인구 대비 얼마나 효율적으로 운영될 수 있을지를 예측하고 적합성 여부를 결정해야 한다. 지나다니는 사람이 거의 없다든지, 유동인구는 많으나 실제 구매력이 없는 사람들만 지나다니는 상권의 투자는 더욱 신중해야 한다.

둘째, 접면도로

상가가 접한 도로의 종류와 그 폭은 유동인구와 상권형성에 직접적인 영향을 미친다. 가령 왕복 4차선 도로에 접한 상가는 지나다니는 차량은 많아도 실제 방문고객은 적다. 또 고가도로나 지하도로의 경우 유동인구는 많으나 접근성이 나빠 장사에 별 도움이 되지 않는다. 일반적으로 좋은 상권을 형성하기 위해서는 상가를 접한 도로를 이용하는 차보다는 사람이 많아야 한다. 보행차도의 높이는 가게의 출입구와 수평을 이루어야 접근성이 좋아진다. 지나치게 넓은 도로나 일방통행 도로

보다는 양방향으로 걸어다니는 손님이 많이 다니는 길이 상권형성에 좋은 길이라 할 수 있다.

상가와 연결된 메인도로에서 갈라지는 길(샛길)은 적당해야 한다. 갈림길이 전혀 없는 외길이거나 나뭇가지 모양으로 지나치게 많은 것도 좋은 상권이 형성되기는 어렵다.

셋째, 대중교통

고객을 실어 나르는 교통수단이 많을수록 상권은 좋아진다. 버스노선이 많은 정류장 근처나 지하철역 주변은 대체로 상권이 좋아 장사도 잘되고 임대료도 비싸게 형성된다. 자가용보다는 버스, 지하철이 훨씬 많은 손님을 몰고 오기 때문이다. 특히 지하철은 대도시에서는 이미 주된 대중교통 수단으로 자리매김했다. 이용인구가 워낙 많아 역세권 상가는 거의 대부분 블루칩 상권을 형성하고 있다. 버스정류장이나 지하철역이 가까운 상가에 대해서는 물리적 거리뿐만 아니라 실제 승객들이 많이 내리고 타는 방향이 어느 쪽인지, 어디서 내리고 어디서 타는지 등 주된 동선을 파악하는 것이 중요하다. 특히 출퇴근 시간대의 고객들은 대부분 동선이 거의 일정하게 정해져 있음을 주목해야 한다.

넷째, 이웃 상권과의 관계

뭉쳐야 사는 가게가 있는 반면, 흩어져야 사는 가게가 있다. 편의점, 마트 등 공산품을 주로 취급하는 상가는 '나눠 먹기 업종'으로 적당한 거리를 두고 있어야 장사가 잘된다. 반면 가구나 전자제품, 농수산물은 동종 물건을 취급하되 다양한 종류와 가격을 갖춘 가게가 모여 있어야 장사가 잘된다. 경쟁관계의 상권인지 상호 협력적 상권인지 여부도 상권분석의 중요한 판단 기준이 된다.

상권에서도 '악어와 악어새' 같은 공생관계가 있다. 병의원 근처의 약국이나 학교 근처의 보습학원처럼 상호 공생관계에 있는 업종의 경우 연관된 업종의 종류나 규모에 따라 매출에 직접적인 영향을 받는다. 이런 공생관계에 대해서는 일반적인 상권분석 기준을 그대로 적용하기는 어렵다. 공생관계 업종 간 특수성을 고려해야 하기 때문이다.

Tip. 샤워효과 & 분수효과

샤워효과(Shower effect)란 주로 꼭대기(고층)에 손님을 유인할 수 있는 시설을 유치하여 위층으로 유인된 손님이 아래층까지 방문하도록 하여 전체 매출을 상승하게 하는 효과를 말한다. 대표적인 예로 CGV나 롯데시네마 같은 영화관을 들 수 있다. 위층에서 영화 관람을 끝낸 손님들이 아래에 있는 다른 매장까지 방문하여 상품을 구매하기 때문이다.

분수효과(Fountain effect)란 아래층에서 벌이는 이벤트가 위층의 고객유치로 이어지는 것을 말한다. 분수물이 바닥에서 뿜어져 위쪽으로 퍼지듯 1층이나 지하에 찾아온 손님들이 이왕 온 김에 위층까지 돌아다니며 쇼핑을 한다는 의미에서 비롯됐다.

다섯째, 배후단지

배후단지는 쉽게 말하면 상권 배후에 형성된 주거 또는 업무시설의 종류와 규모를 말한다. 배후단지는 유동인구와도 매우 밀접한 관련이 있는 것으로 종류와 규모에 따라 상권에 직접적인 영향을 미친다. 상업지역 배후에 대규모 아파트단지나 산업단지가 있으면 상권형성에 큰 도움이 된다. 배후단지와 거리, 접근성, 대체 상권의 존재 여부를 살펴보면 배후단지의 수혜 정도를 추정할 수 있다.

03 한눈에 파악하는 상권분석

앞서 설명했지만 일반인이 특정 상권을 분석한다는 것은 결코 쉬운 일이 아니다. 더군다나 상권은 주변 환경에 따라 수시로 변하기 때문에 살아 움직이는 생명체와도 같다. 초보자가 좀 더 손쉽게 상권을 분석하는 방법은 없을까?

그동안 실전투자를 하면서 나름대로 터득한 몇 가지 팁을 알려주고자 한다.

첫째, 가게 앞 유동인구 분석

살려고 하는 상가 바로 앞에서 요일별, 시간대별 유동인구를 체크하는 방법이다. 다소 원시적인 방법처럼 보이지만 사실 이것보다 더 좋은 방법은 없다. 출퇴근 시간, 점심시간, 주말 등 시간대와 요일을 달리하여 지나가는 사람 수, 성별, 연령대를 분석하면 그 가게의 상권이 쉽게 파악된다. 즉 지나다니는 사람의 수, 연령, 성별 등에 대한 분석이 이루어지면 그 가게에 어떤 업종을 넣는 것이 적합한지를 쉽게 추정할 수 있을 것이다. 마음에 두고 있는 가게가 있다면 길 건너 차를 세워놓고 며칠 동안 지나가는 사람만 잘 관찰해도 충분히 상권을 읽을 수 있다.

둘째, 대기업 프랜차이즈가 많은 곳

해당 지역에 대기업 프랜차이즈 매장이 많이 있다면 어느 정도 안정된 상권으로 봐도 된다. 대기업의 프랜차이즈 상가는 한 번 입점하면 쉽게 망하지 않는다. 그 이유는 본사에서 원자재와 영업기술을 제공하는 것 이외에도 충분히 잘될 수 있는 자리에 매장을 입점하기 때문이다. 즉 프랜차이즈 매장이 입점해 있는 곳은 전문가들을 통해 이미 상권이 검증되었다고 보면 된다. 지금 당장 주변을 둘러보라. 스타벅스, 파리바게트, GS편의점, 베스킨라빈스 같은 매장들이 어디쯤 위치하고 있는가를.

셋째, 1층 상가

웬만하면 1층 상가는 안정적인 상권으로 볼 수 있다. 일반적으로 1층 상가는 지하층이나 2~3층에 비해 임대료가 3~4배 비싸다. 도로면과 접한 1층 상가는 가시성과 접근성이 좋기 때문이다. 1층에 위치한 상가는 다른 층보다 상권이 훨씬 좋은 것으로 판단할 수 있다. 1층 상가는 고객이 짧은 시간 들러서 필요한 물건만 사고 바로 빠질 수 있는 업종이 적합하다. 편의점, 제과점, 과일가게 등을 들 수 있다.

넷째, 초입 또는 코너 상가

사람들이 쏟아져 나오는 지하철 입구나 시장 초입의 상가는 대체로 양호한 상권이라 할 수 있다. 상권의 가장 중요한 요소는 유동인구이며 이런 위치의 상가는 유동인구가 보장된 우수한 상권으로 볼 수 있다. 또한 가시성이 좋고 양쪽의 유동인구가 만나는 코너상가 역시 좋은 상가로 볼 수 있다. 길모퉁이에 위치한 'ㄱ'자 형태의 상가는 간판설치가 용이하며 가시성이 좋아 고객유인에 유리하다.

다섯째, 공실률

상권을 파악하는 데 공실 정도를 확인하는 것도 매우 중요하다. 전체 상가 중에서 공실이 차지하는 비율이 높다든지 가게가 자주 바뀌는 곳은 좋은 상권이 아니다. 특히 지하나 3~4층이 아닌 1층 상가가 비어 있으면 상황은 좀 더 심각하다고 볼 수 있다. 건물에 걸려 있는 '임대' 현수막만 봐도 추론이 가능하다. 빛 바랜 현수막은 장기간 임차인을 구하지 못했다는 의미다. 이처럼 공실이 오랫동안 유지된 곳은 상권이 쉽게 살아나지 않는 지역이므로 주의해야 한다.

오랜 세월 중심상권으로 영화를 누렸으나 상권의 이동으로 인해 공실 상가들이 즐비한 지역이 있다. 근처에 신도시가 생기거나 택지지구가 조성되면 흔히 나타나는 현상들이다.

04 좋은 임차인 구하는 노하우

좋은 병에 좋은 술을 담그는 것처럼 내 상가가 빛을 발휘하기 위해서는 좋은 임차인을 만나야 한다. 아무리 좋은 자리의 가게라 하더라도 상권에 걸맞지 않는 임차인이 들어오면 상가의 가치는 떨어지기 마련이다. 상가의 가치는 수익률에 의해 좌우된다. 같은 조건일 때 월세가 높은 상가는 인기가 높다. 또 월세가 같다면 입점해 있는 상가 업종이 고급일 때 더 높게 평가된다. 따라서 동일한 조건에 분양받은 점포라도 업종과 임차인의 영업능력에 따라 점포의 가치는 천차만별 달라질 수 있다.

실제로 경험한 일이다. 지하철역 바로 앞에 위치한 지하 1층 상가를 1억5,000만 원에 낙찰받았다. 원래 점포 주인이 직접 PC방을 운영하던 곳인데, 영업이 잘되지 않아 경매로 나온 것이다. 이처럼 가게가 망해서 경매에 나온 경우에는 낙찰 이후 임차인 구하기가 여간 어렵지 않다. 한 번 망했기 때문에 동일한 업종의 임차인은 입점을 꺼린다. 결국 새로운 업종으로 영업할 수 있는 임차인을 찾게 된다.

명도를 마치고 부동산에 물건을 내놨으나 한동안 마음에 드는 제안이 들어오지 않았다. 그러던 어느 날 중개업소에서 반가운 연락이 왔다. 보증금 3,000만 원에 월 150만 원으로 임차인을 물색해달라고 했더니 월세를 20만 원만 더 깎아주면 내일이라도 당장 계약할 사람이 있다는 것이다. 업종을 물었더니 인터넷 방송국인데 지금 있는 곳이 좁아서 넓은 곳을 찾고 있었다고 했다. 일단 방송국이라는 업종과 임차 사유가 마음에 들었다. 하지만 바로 결정을 못 하고 2~3일 시간을 두고 심사숙고하기로 했다.

그 사이에 또 다른 중개업소에서 연락이 왔다. 내가 처음 제안한 보증금 3,000만 원에 월 150만 원으로 한 푼도 깎지 않고 계약을 하겠다는 것이다. 하지만 문제가 있었다. 가게를 얻는 임차인이 성인오락실을 운영할 계획이라는 것이다. 성인오락실은 사행성 도박장으로 불법 운영하는 경우가 많아 임대를 꺼리는 업종이다. 결국 거절을 했는데도 자꾸만 사정을 하는 것이었다. 급기야는 월세를 2배로 주겠다는 제안을 해왔다. 하지만 나는 과감히 제안을 물리치고 방송국과 임대차계약을 맺었다.

이 경우 수익률만 따지면 당연히 성인오락실을 입점시켜야겠지만 꾸준히 월세를 받고 수월한 관리를 생각하면 오히려 방송국이 훨씬 낫다. 이 상가는 2016년 지인이 사정하여 매각하였으며 방송국은 5년 지난 지금도 월세를 따박따박 잘 내고 있는 것으로 확인됐다.

이처럼 상가투자의 성패는 임차인에 달렸다고 해도 과언이 아니다. 어떤 임차인을 모셔야 월세도 밀리지 않고 상가의 품격을 높일 수 있는지 그 방법을 살펴보자.

대중이 선호하는 업종을 모셔라!

요즘 임대인이 가장 선호하는 업종은 커피전문점, 편의점, 제과점 등과 같은 유명 브랜드 업종이다. 스타벅스, GS25, 파리바게트 등이 대표적이다. 이런 최상급의 업종을 유치하기 위해서는 임대인이 발 벗고 나서야 한다. 성사만 된다면 상가의 가치는 훨씬 높아지기 때문에 시도할 가치는 충분하다.

예를 들어 월세를 똑같이 500만 원 받는 점포 2개가 있다고 하자. 월세는 똑같아도 유명 브랜드의 업종이 입점한 상가는 다른 업종에 비해 거래가액의 10%, 많게는 20~30% 더 비싸게 거래가 된다. 문제는 이런 유명 브랜드는 아무 데나 입점하지 않는다는 점이다. 그러므로 상가를 선택할 때 스스로가 점포개발자라 생각하고 메이커 업종이 들어올 만한 목(위치)에 있는 상가를 물색할 줄 알아야 한다. 목이 좋은 상가를 소유하고 있다면 브랜드 업종의 임차인 구하기는 의외로 쉽다. 본사 홈페이지나 점포개발 담당자에게 이메일 또는 전화로 상가의 주소, 면적, 임대조건 등을 알려주면 오래지 않아 계약은 성사될 수 있다.

경험 많은 임차인을 선택하라!

아무리 좋은 위치라도 장사 경험이 부족하면 실패할 확률이 높다. 최근에는 경기불황의 여파로 미취업자와 퇴직자가 늘면서 이들이 창업전선에 뛰어드는 경우가 많아졌다. 하지만 경험 없고, 준비가 덜된 상태에서는 장사로 성공하기가 결코 쉽지 않다. 임대인 입장에서 안정적으로 월세를 받기 위해 초보 장사꾼보다는 장사로 잔뼈가 굵은 경험 많은 임차인을 선택하게 된다. 장사경험이 전무한 초보 창업자보다는 가게 이전이나 점포 확장을 위한 임차인을 모셔야 한다.

성실한 사람을 선택하라!

경험 많은 임차인이 좋겠지만 현실적으로 그런 수요는 제한돼 있다. 어쩔 수 없이 장사의 경험이 없는 신규 창업자를 입점해야 하는 경우에는 어떻게 하면 될까? 이럴 때는 중개업소의 말만 듣고 계약하면 안 된다. 미리 임차인을 만나보고 충분한 대화를 거쳐 결정을 해야 한다.

나는 검증되지 않은 사람과 임대차계약을 할 때는 일단 만나서 이야기를 나눠본 다음 답을 찾는다. 물론 상대방 입장에서는 자칫 기분이 나쁠 수도 있지만 서로가 상생하기 위해서는 충분히 필요한 절차다.

내가 쓰는 방법은 이렇다. 중개업소에서는 대개 사전에 제시한 조건보다 5~10% 할인해서 계약을 하자고 제안한다. 이런 제안이 들어오면 일단 임차할 사람을 만나본 다음 가부간의 결정을 하겠노라고 미리 알린다. 그러고는 임차 희망자의 경험과 계획, 자신만의 노하우 등에 대해 충분히 들어본다. 내가 판단하기에도 충분히 승산이 있을 것으로 판단되면 월세를 깎아주고라도 계약을 한다. 하지만 도저히 장사를 위한 준비도 안 돼 있고, 성실한 모습조차 보이지 않는다면 적당한 핑계를 대고 거절하는 편이 낫다. 임대인, 임차인 양쪽 다 마찬가지겠지만 사람 잘못 만나 흥하고 망한 사례는 무수히 많다는 것을 항상 염두에 두어야 한다.

05 사례로 본
상가 경매

5,000만 원 투자로 횟집 사장님 된 정용해 씨

공업고등학교를 졸업한 정용해 씨는 산업현장에서 기술직으로 근무했다. 정 씨가 하는 일은 도로공사와 관련된 것으로 업무특성상 지방 출장이 많았다. 하지만 결혼을 하고 나니 계속 그 일을 하기엔 여러 모로 부담이 됐다.

그래서 틈틈이 친구가 운영하는 횟집을 오가며 회 뜨는 기술을 배웠다. 전남 여수가 고향인 정 씨는 어릴 적부터 생선을 많이 접해온 터라 기술을 익히는 데 크게 어렵지 않았다.

일을 배운 지 2년이 지나자 자신감이 생겼다. 조심스럽게 창업도 꿈꾸게 되었다. 하지만 문제는 돈이었다. 결혼한 지 5년, 두 아이에 외벌이라 모아둔 돈은 겨우 6,000만 원이 채 되지 않았다. 조금이라도 싼 가게를 찾아 여기저기 발품을 팔았다. 하지만 제아무리 싸도 권리금에 임대보증금을 합하면 최소 1억 원은 돼야 창업이 가능했다.

돈이 부족해 의기소침해 있던 그는 지인의 얘기를 듣고 다시 희망을 품었다. 고시원과 경매를 겸하고 있던 지인이, 횟집으로 쓸 만한 경매 물건이 있으면 소개해주기로 한 것이다. 그 후 6개월이 지날 무렵 정 씨는 지인으로부터 솔깃한 물건 하나를 추천받게 되었다.

서울 마포구 망원동에 있는 전용면적 85㎡의 1층 상가다. 감정평가액 3억4,000만 원에서 1번 유찰돼 최저입찰금액 2억4,000만 원으로 경매진행이 예정된 물건이다.

아주 번화한 상권은 아니지만, 어느 정도 소문만 나면 그런대로 장사는 될 자리였다. 더욱이 당시, 정육식당으로 운영되고 있어서 낙찰을 받으면 인테리어 시설비도 최대한 절약이 가능해 보였다.

모든 면이 만족스러웠던 정 씨는 입찰 당일 3억100만 원을 써내 최고가 매수인으로 낙찰받았다. 이후 경락잔금대출을 이용해 2억7,000만 원을 융자받고 잔대금을 납부했다. 3개월 후 정 씨는 어엿한 횟집 사장님으로 영업을 시작했다. 정 씨가 상가 구입하는 데 들어간 비용은 총 5,000여만 원(대출금을 뺀 잔금 3,000만 원+소유권이전 비용 1,500만 원+이사비 등 500만 원). 인테리어와 횟집 영업 준비를 위해 3,000만 원의 빚을 더 얻긴 했지만 남의 가게를 얻어서는 꿈도 못 꿀 일을 경매를 통해 기분 좋게 해결한 것이다.

3,000만 원 투자해서 자식 학비 대는 돼지엄마

돼지엄마로 불리는 K 씨는 외동아들을 키우는 전업주부다. 결혼 전에는 유명 피아노 강사로 벌이가 꽤 괜찮았으나 자식교육을 위해 과감히 일을 그만뒀다.

남들보다 늦은 나이에 결혼해 얻은 아들은 그녀에겐 그야말로 보석 같은 존재였다. 그녀의 정성 덕인지 아들도 공부를 잘해 갈수록 두각을 나타냈다. 하지만 그런 그녀에게도 고민이 있었다. 바로 학원비에 대한 부담이다. 전문직에 종사하는 남편의 벌이가 나쁘진 않았지만, 그녀에겐 늘 빠듯하기만 했다. 다시 피아노 레슨을 해볼까도 생각했지만 현실적으로 쉽지가 않았다. 지금의 생활패턴을 유지하면서도 고정적인 수입을 얻을 수 있는 게 없을까 고민하던 그녀는 우연한 기회에 신문광고를 하나 접하게 되었다. 바로 '부동산경매 수강생 모집' 광고인데, 경매를 배워 상가투자를 마음먹은 것이다. 결심을 마친 그녀는 곧바로 수강신청을 하고 경매공부를 시작했다. 3개월 이론 강의를 마친 그녀는 틈틈이 현장을 돌아다니며 상가를 물색했다.

그러던 어느 날 3호선 불광역에 위치한 1층 점포가 8,300만 원에 경매진행 중인 것을 알게 되었다. 전용면적 4㎡의 아주 작은 점포지만 백화점과 아웃렛 매장의 메인 통로에 위치해 유동인구가 무척 많았다. 확신이 선 그녀는 8,500만 원을 써내 당당히 낙찰받았다. 1개월 뒤 그녀는 6,000만 원의 대출금을 합쳐 잔대금을 전부 납부했다. 대출금을 제외하고 K 씨가 들인 돈은 등기비용을 포함해 약 3,000만 원. 소유권이전이 완료되자 백화점 측과 협의 끝에 월 150만 원의 임대료를 받는 조건으로 임대차계약서에 도장을 찍었다. 6,000만 원에 대한 은행이자 20만 원을 제외하면 매월 130만 원씩 소득이 생긴 것이다. 그토록 바라던 학원을 1~2군데 더 보내기엔 충분했다.

임대차계약을 잘못해 손해 본 K 씨

부동산 임대업을 하던 K 씨는 평소 꿈이 하나 있었다. 그것은 자기 이름을 건 프랜차이즈사업을 해보는 것이다. K 씨는 시내 중심상권에 있는 오래된 상가건물을 사서 리모델링 후 임대하는 방식으로 임대사업을 해왔다. 그러던 2012년 초 서울 강남구 역삼동에 있는 전용면적 130㎡, 2층 상가가 경매 나온 것을 알고 현장답사를 나섰다. 감정평가 금액 6억 원에서 2번 유찰돼 최저입찰가는 3억8,400만 원이다.

비록 유동인구가 아주 많지는 않았지만 대로변 코너에 위치하고 전면이 넓어서 안테나샵을 하기엔 안성맞춤이라는 판단이 섰다. 고심 끝에 입찰당일 4억5,300만 원을 써냈는데 인연이 되려고 그랬는지 2등과 300만 원 차이로 기분 좋게 낙찰받았다.

당시 맥주전문점이 한참 유행을 하고 있었다. 맥주전문점은 셀프 시스템이라 인력이 많이 필요치 않고 마진율이 꽤 높았다. 맥주전문점 창업자에게 가장 부담스러운 부분은 역시 상가 임대료다. 하지만 K 씨는 본인의 상가에서 창업하기 때문에 부담이 덜했다. 2~3개월의 준비를 마치고 그곳에서 프랜차이즈 1호점을 오픈하기로 한 것이다. 상호와 로고제작, 인테리어 등 가게 오픈을 위한 모든 작업이 마무리 될 즈음, 가게를 맡아 운영할 점장을 모집하기로 했다. 여기저기 수소문을 하던 끝에 지인 중 한 사람이 마침 자기가 경험도 있고 가게를 알아보던 중이었다면서 같이 가게를 운영하자고 했다. 일이 술술 잘 풀리는 것 같았다. 다음 날 바로 임대차계약 및 동업계약서를 작성하여 본격적인 영업준비에 돌입했다.

지인과 체결한 임대차계약의 내용은 대략 이랬다.
1. 인테리어 등 초기 시설투자 비용은 임대인이 부담한다.
2. 전반적인 가게 운영 및 관리는 임차인이 하기로 한다.
3. 수익은 전체 매출에서 비용을 제외한 순수익을 5:5 비율로 나눈다.
4. 비용을 산정할 때 가게의 월 임대료는 300만 원으로 책정하기로 한다.
5. 가맹점 사업을 위한 마케팅, 영업기술 전수 등 교육장 활용에 동의한다.

처음에는 순조로웠다. 손님도 꽤 붐볐고, 지인들 반응도 괜찮았다. 그런데 문제는 그다음 달부터였다. 손님이 하나둘 줄기 시작하더니 급기야는 적자가 나기 시작했다. 더 큰 문제는 임차인이 이런저런 핑계를 대면서 최소한의 월세마저 정산하지 않는 것이다. 매출이 좀 더 나아지면 그때 하자는 것이다. 결국 5~6개월 후 폐업결정을 했고 K 씨는 시설투자비 등 7,000~8,000만 원의 손해만 떠안고 말았다.

지나고 나서야 깨달은 폐업의 원인은 잘못된 임대차계약에 있었다. 첫 번째는 인테리어와 시설투자 등 임대인 비용이 너무 많이 들어간 것이고, 두 번째는 적자가 나더라도 임차인에게 직접적으로 부담이 전달되지 않아 열심히 노력하는 환경이 갖춰지지 않았던 것이다. 이 일로 K씨는 비싼 수업료만 치르고 그렇게 꿈꾸던 프랜차이즈사업에 대한 꿈을 접어야 했다.

Tip. 안테나샵 이란

안테나처럼 외부의 정보를 받아들인다는 의미로, 주요 고객층의 동향이나 트렌드 변화를 감지하는 것을 목적으로 영업하는 가게를 말한다. 프랜차이즈사업을 할 때 주요 상권에 안테나샵을 오픈하여 홍보와 마케팅 등 본사의 다양한 목적을 시험해보기도 한다. 안테나샵의 경우 대부분 특A급 이상의 중심상권에 입점하기 때문에 매장 자체적으로는 적자가 나더라도 본사에서 전략적으로 운영한다.

Q&A로 풀어보는 알쏭달쏭한 부동산 상식 ⑥
상가

Q. TV나 신문에서 '젠트리피케이션'란 용어가 자주 등장하는데 무슨 뜻인가?

A. 젠트리피케이션(Gentrification)이란 낙후되었던 구도심이 번성해 중산층 이상의 사람들이 몰리면서 임대료가 오르고 이로 인해 원주민이 내몰리는 현상을 말한다.

도시가 성장하는 과정에서 상대적으로 소외되거나 낙후된 지역이 어쩔 수 없이 생기게 된다. 이런 지역은 임대료가 저렴하여 개성 있고 독특한 소자본의 자영업자나 배고픈 예술인들에 의해 점차 자리를 잡게 된다. 이런 상점들이 점차 입소문을 타면 소위 '핫 플레이스'가 되고 A급 상권으로 발전하게 된다. 결국 임대료가 폭등하게 되고 기존의 소규모 영세상인들은 대기업 프랜차이즈나 거대 자본에 밀려 다른 곳으로 쫓겨나게 된다.

서울의 신사동 가로수길, 홍대, 망원동, 상수동, 경리단길, 종로구 서촌, 삼청동 일대 등이 대표적인 젠트리피케이션 지역이다. 낙후된 지역이 개성 있고 독특한 상권을 형성하지만 프랜차이즈 상권이 들어서면서 그 지역만의 색깔이 사라져 결국엔 다시 상권이 쇠퇴하게 된다.

Q. '샵인샵'이란 무엇을 말하는 것인가? 샵인샵의 주의할 점은 무엇인가?

A. 샵인샵(Shop In Shop)이란 매장 안에 있는 또 다른 매장이란 뜻으로 하나의 점포에 두 가지 업종이 영업하는 형태를 말한다. 미용실과 네일아트, 커피전문

점과 제과점, 옷가게와 액세서리 등이 대표적인 예다. 샵인샵은 업종 상호간 시너지 효과를 누릴 수 있고 임차료 부담을 덜 수 있는 장점이 있다. 하지만 대부분 전전세(전세를 얻은 사람이 다시 세를 주는 것) 형태로 계약이 이루어지기 때문에 문제가 생겼을 때 수습이 어렵고, 기존 업종의 영업이 부진하면 함께 망할 수도 있다.

Q. 임차인이 영업 중인 상태에서 상가를 매입했다. 이 경우 임대차 기간이 끝났을 때 원상회복 기준은 어떻게 되나?

A. 상가임대차에서 '원상회복'이란 임차인이 입주하기 전의 상태, 즉 시설물을 모두 철거한 공실인 상태로 건물주에게 인도하는 것을 의미한다. 이는 임대차계약이 끝난 후 기존 임차인이 자기가 설치한 시설을 모두 철거하게 함으로써 철거비 등 불필요한 비용부담을 줄이고 시설비나 권리금 분쟁을 미리 예방하는 측면이 있다.

하지만 임대 중인 상가를 매입했을 때는 얘기가 좀 복잡하다. 일반적으로 상가의 소유권이 바뀌고 나면 기존 임차인과 매수자가 새로 임대차계약서를 작성하게 된다. 대부분은 '전 임대차의 조건을 그대로 승계한다'라는 조건의 형식적인 계약서를 작성한다. 하지만 이 경우 원상회복의 개념이 '처음 계약당시'를 얘기하는지 아니면 '승계 계약서를 작성할 당시'를 말하는지 애매해질 수 있다.

특히 경매로 상가를 낙찰받았을 때 이런 문제가 자주 발생한다. '임대차기간 만료 후에는 임차인이 원상회복하기로 한다'라고 계약서에 명시를 했을 때

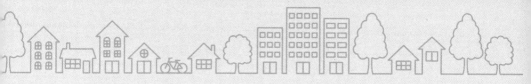

가 그렇다. 이렇게 되면 '원상회복'의 시점이 처음 공실인 시점이 아닌, 낙찰자가 임차인과 계약하는 시점으로 인정된다. 따라서 임차인이 영업 중인 상태에서 승계계약서 또는 새로운 임대차계약을 작성한다면 반드시 특약난에 '임차인이 설치한 모든 시설을 임차인 본인 비용으로 철거하고 공실 상태의 원상을 회복한 후 임대인에게 인도하여야 한다'라고 명시해야 한다.

Q. 호프집을 운영하는 임차인이 영업 도중 미성년자에게 술을 팔다 단속에 걸려 영업정지를 당했다. 임차인이 영업정지기간 동안은 월세를 낼 수 없다고 하는데 어떻게 대처해야 하나?

A. 이에 대한 사전에 합의한 특약이 없다면 당연히 임차인은 월세를 내야 한다. 임대인은 임차인이 정상적인 영업활동을 하는 데 불편함이 없도록 부동산을 유지해줄 의무가 있다. 하지만 임차인의 부주의로 인한 영업정지나 영업취소 등 행정처벌에 대해서는 임대인에게 책임을 물을 수 없고 이를 이유로 월세 지급을 거절할 수도 없다.

Q. 분양상가를 낙찰받았는데 내 상가 자리에 다른 가게 간판이 붙어 있다. 철거를 하고 내 간판을 달 수 있나?

A. 실제로 자주 발생하는 분쟁 중 하나다. 일자로 된 단층 상가들은 전용면적 위쪽 천장부분에 간판자리가 지정돼 있어서 다툼의 여지가 없다. 하지만 복합상가의 경우 점포 수에 비해 간판자리가 협소하여 이로 인한 분쟁이 자주 발생한다.

간판문제로 다른 구분 소유주(또는 임차인)와 다툼이 생겼을 때 가장 먼저 확인해야 할 것은 관리사무소(또는 상가협의회)의 '간판 배치도'다. 말 그대로 간판 배치도는 각 점포별로 간판 걸 자리를 미리 정해놓은 것을 말한다. 이는 간판 분쟁을 막기 위해 간판 위치를 미리 정해놓은 것이다. 하지만 간판 배치도가 없는 경우에는 문제가 복잡하다. 먼저 차지하는 사람이 임자가 될 수 있기 때문이다.

Q. 중개업소에서 상가 임대를 의뢰하였다. 입점 의사를 밝힌 프랜차이즈 업체에서 월세를 매출수수료 방식으로 지급하겠다는데 받아들여야 하나?

A. 임대료 지불 방식에는 고정임대료, 매출수수료 그리고 혼합방식이 있다. 고정임대료 방식은 가장 오래된 방식으로 임대차계약을 맺을 때 미리 보증금과 월세를 정하는 것을 말한다. 임대인 입장에서는 안정적인 수입이 보장되지만 임차인 입장에서는 매출이 낮은 운영 초기에는 부담이 크다.

매출수수료 방식은 백화점에서 주로 사용한다고 해서 일명 '백화점 방식'이라고도 한다. 말 그대로 임대료를 매출액에 얼마씩 곱해서 그 비율로 지불하는 것을 말한다. 임차인 입장에서는 임료 부담을 덜고 임대인 입장에서도 매장이 활성화되면 임료가 늘어나는 이점이 있다. 매출수수료 방식이 임차인과 임대인이 상생할 수 있는 가장 이상적인 방법이다. 하지만 임차인의 영업능력이 검정되지 않았거나 매출에 대한 정확한 집계가 안 되면 오히려 임대인이 손해를 볼 수 있다.

혼합방식은 고정임대료와 매출수수료 방식을 섞어놓은 것으로 '기본 임대료+

매출수수료'를 정하는 것을 말한다. 임대인에게 최소한의 수익을 보장해주고 매출에 따라 수수료를 더 지불하는 방식이다.

쇼핑몰이나 백화점이 활성화되면서 기존의 고정임대료 방식에서 매출수수료 방식으로 많이 바뀌고 있는 추세다. 쇼핑몰, 백화점, 대기업 프랜차이즈와 같이 영업력이 검증되지 않은 경우라면 매출수수료 방식은 되도록 지양하는 것이 좋다.

Q. 임차인이 영업부진으로 집기를 그대로 버려둔 채 행방이 묘연하다. 다시 세를 놓아야 하는데 전 임차인이 두고 간 집기들은 어떻게 처리하면 좋은가?

A. 정상적인 절차를 밟는다면 임차인에게 내용증명을 보내고 명도소송을 해야 한다. 하지만 이렇게 되면 시간과 비용이 많이 들 수밖에 없다. 법적으로 문제가 되지 않는 범위 내에서 최대한 합리적인 방법을 찾아야 한다.

먼저 계약해지를 위한 내용증명을 보내고 일정기간을 정해 최고(일정한 행위를 할 것을 요구하는 통지)를 해야 한다. 최고기간이 끝나면 집기들에 대한 목록을 작성하고 사진을 촬영한 후 다른 장소에 옮겨 보관하면 된다. 하지만 이것 역시 100% 완벽한 방식은 아니다. 이런 분쟁을 사전에 예방하기 위해서는 임대차계약을 맺을 당시에 이런 문제에 대한 처리방법을 미리 특약으로 명시하는 것이 시간과 비용을 줄이는 방법이다.

Q. 상가는 임대차계약서 확정일자를 어디서 받을 수 있나?

A. 관할 세무서 민원실에 받을 수 있다. 필요서류는 사업자등록신청서(또는 기존

사업자등록증) 임대차계약서 원본, 신분증이다.

Q. 임차인의 불법행위로 인해 주민들로부터 끊임없이 민원에 시달리고 있다. 어떻게 대처하면 좋은가?

A. 임차인의 불법행위는 계약해지 사유가 된다. 임차인의 불법행위가 명백하다면 일정기간을 정해 시정을 요구하고 그래도 해결이 되지 않으면 계약해지를 요청할 수 있다. 임차인의 불법행위는 경우에 따라서는 임대인(건물주)까지 처벌의 대상이 될 수도 있으므로 주의해야 한다. 대표적인 사례가 임차인이 불법성매매 영업을 하다 적발되면 건물주까지 처벌하는 규정(양벌규정)이다.

Q. 임대차계약을 체결하고 임대보증금까지 지불하였는데 구청에서 음식점 영업허가를 받지 못하는 상황이다. 어떻게 대처해야 하나?

A. 불허 사유에 따라 다르다. 영업허가를 받지 못한 사유가 임차인의 자격요건 때문인지 아니면 건물 자체에 문제가 있어서 음식점으로 허가가 나지 않는지를 따져봐야 한다. 후자인 경우에는 당연히 임대인에게 문제해결을 요구하거나 계약해지를 통해 보증금 반환을 청구할 수 있다. 하지만 임차인 본인에게 책임이 있고 이를 근본적으로 해결할 방법이 없다면 일정부분은 손해를 감수해야 한다.

Q. 조그만 상가를 하나 갖고 있는데, '깔세'로 세를 달라고 한다. 깔세가 무엇이며 주의해야 할 것은 무엇인가?

A. 임대차 방식 중 하나다. 깔세는 전체 임대기간 동안의 월세를 한꺼번에 미리 지불하고 상가(건물)를 빌려 사용하는 것을 말한다. 6개월 이내의 단기 임차를 할 때 주로 사용하는 계약방식이다. 상권이 좋은 역세권이나 재래시장 근처에서 땡처리나 홍보 목적으로 잠시 가게를 빌려 사용하는 사례가 많다. 깔세 계약의 경우 정상 임대료보다는 약간 비싸게 받는 편이며 주로 임차인이 바뀌는 중간의 공실기간을 이용해서 세를 준다. 주의할 것은 계약기간 종료 후 제때 명도가 이루어지지 않으면 일이 복잡해질 수 있다. 따라서 계약을 할 때 명도 이행을 담보할 수 있도록 약간의 명도이행 보증금을 받아두는 것이 현명하다. 또 복잡한 시설이나 철거비용이 많이 드는 임차인은 들이지 않는 것이 좋다.

Q. 상가로 담보대출을 받을 때 알아두어야 할 것이 있나?

A. 상가 특성상 규모나 면적보다는 상권이나 임대료가 중요한 기준이 된다. 상권이 좋고 임대료가 비쌀수록 대출에 유리하다. 오픈상가(칸막이로 구분되어 있지 않은 점포)는 은행에서 취급 자체를 꺼려 대출이 쉽지 않고, 유흥업소 등 기피업종인 경우에도 대출에 제약이 많다.

경매는 성공 확률이 높은 것 못지않게 사소한 실수 하나에 엄청난 손해를 입기도 한다. 경매물건을 낙찰받고 온전히 내 것이 되기까지 사소한 것이라도 꼼꼼하게 확인하고 검증해야 한다. '낙찰이 보장되지 않았다'는 마음으로 준비와 확인에 소홀히 하다 피해를 본 사례가 참으로 다양하다. 놀랍게도 경매 참가 경험이 많을수록 그 정도가 심하다. 경매로 부동산을 살 때는 아무리 작고 사소한 물건이라도 '토끼를 사냥하는 사자의 마음'으로 최선을 다해야 한다.

진짜 경매 부자가 되기 위해
꼭 알아야 할
경매 체크포인트

01 관련 서류는 꼭 떼 봐라

투자자 대부분은 대법원이나 민간 경매회사에서 제공하는 경매자료를 보고 입찰에 참여한다. 경매회사에서 제공하는 자료는 권리분석뿐만 아니라 등기부등본, 건축물대장, 지적도 등 관련 공부까지 포함돼 있다. 따라서 경매사이트만 보고 최종 판단까지 하는 사람이 많다.

하지만 경매사이트를 통해 제공되는 경매정보는 법원에 경매가 접수된 직후에 생산되고 이용자에게 제공된다. 때문에 실제 입찰까지 수개월에서 많게는 1~2년 사이에 발생한 권리변동 또는 물건의 변동이 반영되지 않는다.

따라서 여러 물건의 검색 후에 최종적으로 선택한 부동산은 입찰시점에 맞춰 관련 서류를 전부 확인해야 한다. 특히 등기부등본은 입찰일 직전에 새로 열람하여 권리변동이나 하자 여부를 반드시 확인해야 한다. 다행히 부동산 관련 서류는 대부분 인터넷을 통해 실시간으로 확인·발급이 가능하다. 조금만 관심을 기울여도 경매사고는 충분히 예방할 수 있다.

02 현장을 보지 않고
경매를 논하지 말라

서류를 소홀히 확인하는 것과 마찬가지로 '거리가 멀다고', '뻔한 아파트라서' 하는 생각에 현장을 가보지도 않는 경우도 종종 있다. 수억 원씩 하는 부동산 실물조차 보지 않고 입찰을 하는 것은 굉장히 위험한 행동이다. 부동산 역시 실물자산이다. 그 형태나 위치, 관리 상태에 따라서 수천만 원, 수억 원씩 가격이 달라지기도 한다. 실제로 1층인 줄 알고 낙찰받았는데 알고 보니 반지하 빌라인 경우, 신축 건물이라 멀쩡한 줄 알았는데 나중에 보니 천장에서 물이 줄줄 새는 경우 등 물건을 직접 확인하지 않아서 손해본 사례는 무수히 많다.

경매에 임할 때는 "내가 반드시 낙찰자가 될 것"이라는 굳은 믿음으로 물건을 꼼꼼히 조사해야 한다. "뭐 문제 있겠어?" 하는 안일한 생각이 때로는 돌이킬 수 없는 문제를 야기할 수 있다. 특히 건물은 관리가 부실하여 균열이나 누수가 있으면 수리하는 데 상당한 애를 먹기도 한다.

토지(임야나 농지 등)의 경우 무연고 묘지가 있거나 타인이 경작하고 있으면 땅을 넘겨받는 데 상당한 비용과 시간이 소요되기도 한다. 이상과 같은 문제들은 사전에 현장답사만 꼼꼼히 해도 충분히 예방이 가능하고 대책을 세울 수 있는 것들이다. 하지만 이러한 사실들에 대해 전혀 알지 못한 상태에서 잔금을 치른 다음 이를 확인하게 되면 그로 인한 손해는 낙찰자 본인이 떠안을 수밖에 없다. 권리분석이 부동산 내면을 살피는 것이라면 현장 확인은 부동산 외면을 살피는 일이다. 사람의 몸과 마찬가지로 건강검진을 할 땐 내과 검사만 받을 것이 아니라 외과에 대한 검사에 대해서도 꼼꼼히 확인해야 한다.

03 명도를 끝내기 전에는 절대 '내 집' 아니다

　부동산중개업소에서 부동산을 살 땐 매매잔금을 넘겨줌과 동시에 소유권이전에 필요한 서류와 집열쇠를 넘겨받는다. 이러한 것을 '동시이행'이라고 한다. 즉 매도인이 집을 넘겨주지 않으면 나 역시 돈을 지급하지 않으면 된다. 하지만 이런 일반적인 주택거래와는 달리 경매에는 매수인에게 치명적인 부담이 있다. 즉 전 소유자나 세입자가 버젓이 집에 눌러 앉아 있는 상태에서 먼저 잔금을 납부해야 한다. 그리고 난 이후에야 겨우 이들을 내보낼 수 있다.

　경매는 두 가지의 큰 난제가 있는데 그중 하나가 권리분석이고 나머지 하나는 바로 명도(집을 비우는 일)다. 특별한 경우를 제외하면 대부분의 경우 잔금을 내고 명도를 마치기까지 2~3개월이 더 걸린다. 하지만 이 기간은 상대방의 성향에 따라 매우 유동적일 뿐 아니라 정확한 날짜를 못 박기가 어렵다. 따라서 완전히 집이 비워지기도 전에 무턱대로 이사 예약을 한다든지 임대계약을 맺어서는 안 된다. 점유자가 이사하기로 한 약속을 번복하게 되면 낙찰자는 낭패를 볼 수가 있기 때문이다. 실제로 이사를 약속한 채무자가 당일에 약속을 어기고 이사비를 더 달라는 경우가 비일비재하다.

때문에 점유자와 이사협의를 할 때에는 막연히 언제 비워준다는 약속만 믿고 다음 일정을 준비해서는 안 된다. 짐이 완전히 빠지고 난 이후 내가 그 집을 완전히 접수하고 난 다음 이사 일정을 잡든 세를 놓든 해야 한다.

04 임대사업자는
이렇게

'임대사업자'는 주택이나 상가, 사무실을 다른 사람에게 빌려주고 임대료를 받는 것을 업으로 하는 사람을 말한다. 임대사업자는 임대하는 부동산의 종류에 따라 주택임대사업자와 상가임대사업자로 나뉜다.

주택임대사업자의 경우

주택의 경우 두 번의 임대사업자등록 절차를 거쳐야 한다. 임대사업을 하고자 하는 사람의 주소지 관할 시, 군, 구청에 임대사업자등록을 한 후 임대사업자등록증을 수령하고 이를 가지고 주소지 관할 세무서에 사업자등록을 신청하면 된다.

주택임대사업자로 등록하면 취득세, 재산세 감면, 종합부동산세 합산대상에서 제외 등 세금 혜택이 주어진다. 주택임대사업자는 양도세

중과 적용을 받지 않고, 장기보유특별공제 배제대상에서도 제외된다.

대신 일정 기간 주택을 의무적으로 보유해야 하는 부담이 있다. 취득세와 재산세는 4년, 종합부동산세와 양도세는 5년간 보유기간을 채워야만 세제 혜택을 누릴 수가 있다.

상가임대사업자

임대수익을 목적으로 상가(사무실)를 매입했다면 부동산 소재지 관할 세무서에 사업자등록을 해야 한다. 이때 사업자등록은 일반과세자로 해야 부가세를 환급받을 수 있다.

상가임대사업자의 경우 부가세 환급, 종합부동산세 비과세 등 세제 혜택이 많은 대신 10년간의 의무임대기간이 있다. 의무임대기간을 다 채우지 못하고 양도할 경우 그동안 감면받은 세금을 토해내야 하는 경우도 있다. 만약 10년 이내에 임대상가를 매각해야 한다면 포괄양수도 조건(기존 임대차를 매수인이 그대로 승계하는 조건)으로 매매를 해야 한다. 그렇지 않으면 환급받은 부가세를 다시 돌려줘야 한다. 상가를 매수하는 사람이 임대목적이 아닌 본인이 직접 사용할 경우라면 매매계약서를 작성할 때 매매금액 중 건물분에 해당하는 부가세 10%를 별도로 지불하는 조건으로 계약을 체결해야 한다.

오피스텔의 경우 상가임대사업자로 등록되었다 하더라도 임차인의 전입신고가 돼 있으면 주거용으로 간주되어 환급받은 부가세를 토해낼 수 있으므로 주의해야 한다.

05 절세만 잘해도
남보다 2배는 더 번다

세무사 사무소에 일을 맡기다 보면 간혹 세무사로부터 이상한 제안을 받게 된다. 즉 지금 이대로 세금신고를 하면 얼마의 세금을 납부해야 하는데, 자기가 정상 세금에서 얼마를 줄여줄 테니 줄어든 세금의 몇 %를 수수료로 달라는 것이다. 이런 제안을 처음 들었을 때 무척이나 당황스러웠으나 세월이 지나고 나니 이제는 어느 정도 이해를 하게 되었다.

우리나라의 세금체계란 것이 무척이나 복잡하고 어려울 뿐 아니라 애매모호한 것들이 너무 많다. 예를 들면 이런 경우다. 몇 해 전 상가를 낙찰받고 리모델링 공사를 한 적이 있다. 당시 공사비용이 건물 외벽, 화장실, 칸막이, 타일, 도배 등 해서 거의 5,000만 원이 쓰였다. 이에 대해 세금계산서를 끊고 나중에 양도세신고 때 이를 첨부하였더니

5,000만 원을 전부 공제해주었다.

그러다가 다른 상가를 낙찰받아 이와 유사한 공사를 또 하게 되었다. 그런데 이상하게도 이번에는 전체 5,000만 원의 공사비 중 특정항목의 공사비만 공제하여 3,500만 원만 공제를 받았다. 이유를 따져 물었더니 세무사 말이 원래 이번에 공제해준 것이 정확한 계산인데 지난번 경우는 세무서 담당 공무원이 전체를 인정해줘서 그렇다고 했다.

나는 오랫동안 부동산업에 종사하면서 취등록세, 재산세, 종합소득세, 부가가치세, 양도소득세 등 숱하게 많은 세금신고를 납부했지만 매번 헷갈리고 어렵다. 더구나 세법의 개정이 너무나도 빈번하여 열심히 공부해서 외워도 바뀌는 세제를 따라가기도 어렵다.

하지만 내가 나름대로 터득한 절세의 방법은 대략 다음과 같다.

첫째, 1가구 1주택 비과세 혜택을 최대한 활용하라.

경매로 부동산을 샀다 되팔면 대체로 양도세를 많이 내게 된다. 차익이 많고 짧은 기간에 되팔기 때문이다. 그렇지만 주택의 경우 비과세 요건이 충족되면 양도세를 전혀 내지 않아도 되는 경우가 있다. 바로 1가구 1주택 비과세 혜택이다. 주택을 투자할 때에는 1가구 1주택 요건을 최대한 활용하길 권한다. 현행 1가구 1주택자로서 비과세 혜택을 받으려면 집을 사서 2년을 거주 및 보유하면 된다. 비과세 요건을 갖춘 후에 새로운 집을 사게 되면 일시적 2주택자로 기존 주택을 3년 이내에 매각하면 된다. 즉 집을 2년마다 한 번씩 사서 팔면 양도차익이 많더라도 세금을 한 푼도 안 낼 수 있다.

둘째, 취득단계부터 미리 세금을 계산해보고 사라.

양도소득세를 납부할 때 항상 변수로 작용하는 것이 보유기간과 양도차액이다. 보유기간이 길수록 세율은 낮아진다. 보유기간에 따라 장기보유 특별공제를 적용하기 때문이다. 또 양도차액이 클수록 세율은 높다. 예를 들어 2년 이상 보유한 상가를 팔아서 양도차액이 9,000만 원이라면 매도자에게 적용되는 양도세율은 35%의 적용을 받는다. 하지만 이 부동산을 부부 공동으로 취득했다면 각각의 양도세율은 15%로 둘이 합쳐 30%가 된다. 즉 혼자서 9,000만 원을 남겼을 때보다 둘이 합쳐 9,000만 원을 남겼을 때 세금이 더 적다. 이처럼 부동산에 부과되는 양도세는 보유기간, 양도차액 등에 따라 납부하는 세금의 액수가 다르다. 따라서 부동산을 살 때 어떤 종류의 부동산을 누구의 명의로 얼마나 보유할지 충분히 고려해봐야 한다.

구분	과세표준액(원)	세율	누진공제액	적용시점
2년 이상 보유자 기본세율	1,200만 원 이하	6%	–	2014. 1. 1
	1,200만 원 초과~ 4,600만 원 이하	15%	108만 원	
	4,600만 원 초과~ 8,800만 원 이하	24%	522만 원	
	8,800만 원 초과~ 1.5억 원 이하	35%	1,490만 원	
	1.5억 원 초과~ 5억 원 이하	38%	1,940만 원	2017. 1. 1 조정 및 신설
	5억 원 초과	40%	2,940만 원	
단기보유 주택자	1년 미만 주택·조합원 입주권	40%	지정지역 내는 10% 추가과세 항구적 적용	2014. 1. 1
	2년 미만 주택·조합원 입주권	6~40%		
다주택자	고율의 양도세 부과제도 폐지	6~40%		
1주택 (비과세요건)	1주택자 보유기간 2년이상 기존주택 처분기간 3년 이내(기존주택 취득 후 1년 후에 대체주택 취득)	대체취득 기존주택 취득 후 1년 후에 취득하는 경우에만 처분기간 3년을 인정		2012. 6. 29
비사업용 토지	기본세율+10%=16~50%적용 (2016. 1. 1부터)	장기보유 특별공제 적용 2017. 1. 1부터 적용(취득일 기준)		
중과대상	일반 부동산 중 미등기 양도 70% 1년 미만 50%, 2년 미만 40%	장기보유 특별공제 배제		

셋째, 공제되는 항목을 최대한 이용하라.

앞서 언급한 것처럼 부동산을 양도할 때 필요경비로 공제를 받는 항목과 공제되지 않는 항목이 별도로 정해져 있다. 예를 들어 부동산을 살 때 들어간 취등록세나 공사비(자본적 지출)는 필요경비로 공제된다. 하지만 세입자를 내보낼 때 든 이사합의금이나 도배, 장판 비용은 필요경비로 인정이 되지 않는다. 따라서 부동산을 취득해 리모델링을 하거나 체납관리비 등 비용을 지출할 때에는 추후 필요경비로 공제 받을 수 있는 항목에 지출을 집중시키는 것이 절세에 도움이 될 것이다.

Tip. 양도세신고 때 필요경비로 인정되는 항목

1. **세금 및 수수료**: 취등록세, 취득시 부담한 부가가치세, 법무사수수료, 중개수수료, 컨설팅수수료, 세무사수수료

2. **소송비용**: 소유권 확보를 위해 지출된 소송비용 또는 화해비용

3. **경매관련 비용**: 유치권 변제금액(합의한 금액은 인정 안 됨), 대항력을 갖춘 임차인 인수보증금

4. **공사비**: 섀시, 발코니, 방 확장 공사비, 상·하수도 배관교체 비용, 난방시설(보일러 등) 교체비용, 불법건축물 철거비용

5. **광고료**: 부동산 매각 광고료

06 부동산 관리
잘하는 방법

대한민국에서 군대를 갔다 온 남자들에겐 입대 전과 후의 공통점이 하나 있다. 바로 군 제대 후 눈 오는 것을 좋아하지 않는다는 점이다. 나는 부동산투자를 하면서 바뀐 것이 있다. 바로 비를 무척 싫어하게 된 것이다. 특히 장마철은 상상조차 하기 싫다. 이유는 단 하나, 누수와 곰팡이 때문이다.

경매로 집을 샀을 때 가장 난감한 것 중 하나가 '누수(물이 새는 것)'다. 집이 지저분하거나 시설이 낡으면 청소하고 새로 갈아주면 그만이다. 하지만 천장에서 물이 새면 해결이 여간 어려운 게 아니다. 특히 위아래 집주인이 서로 다른 빌라의 경우 누수 문제가 있으면 이웃 간의 다툼은 말할 것도 없고 공사를 하는 데도 상당히 애를 먹는다. 아파트는 대부분 대형 건설사에서 짓기 때문에 부실이 적다. 하지만 연립, 다세대 같은 빌라는 개인이나 중소 건설업체에서 시공한 경우가 많아 부실공사의 가능성이 높다. 특히 경매에 나온 부동산은 소유자나 임차인이 제대로 관리를 하지 않아 하자를 안고 있는 경우가 많다.

입찰 전에 발견된 하자가 있으면 정도에 따라 입찰을 포기하거나 수리비를 고려해서 입찰가를 정해야 한다. 또 부동산을 사고 난 이후에도 추위나 비에 의해 하자는 얼마든지 발생할 수 있기 때문에 관리를 철저히 해야 한다. 특히 장기간 공실인 상태로 집을 방치하면 추운 겨울엔 동파의 위험이 있고, 여름철엔 곰팡이로 곤혹을 치를 수 있다. 적은 비용과 노력으로 부동산을 잘 관리할 수 있는 방법이 없을까? 내가 알고 있는 몇 가지 팁을 알려주고자 한다.

첫째, 되도록 공실을 만들지 마라!

'집은 사람이 살 때보다 비어 있을 때 더 빨리 망가진다.' 아이러니하게도 이 말은 틀림없는 사실이다. 집을 온전하게 유지하는 데 사람의 온기만큼 좋은 것이 없다. 사람이 사는 집은 수시로 환기도 되고 수도와 보일러가 꾸준히 작동되어 양호한 집 상태를 오래 유지할 수 있다. 임자가 나타나지 않아 집을 장기간 공실 상태로 둬야 한다면 차라리 가까운 지인에게 공짜라도 사용하게 하는 것이 좋다.

둘째, 겨울철엔 수도를 살짝 열어둬라!

외풍이 심한 집의 경우 겨울철 한파로 배관이 얼어 터지는 사고가 종종 일어난다. 그나마 밖으로 노출된 수도계량기나 수도꼭지가 얼어 터지면 다행이다. 바닥에 깔린 보일러선이나 벽 속의 파이프가 동파되면 수리를 하기도 매우 어려울 뿐더러 비용 또한 만만치 않다. '흐르는 물은 절대 얼지 않는다.' 겨울철 동파를 방지하기 위해서는 수도꼭지를 살짝만 열어놔도 동파 피해는 충분히 예방할 수 있다.

셋째, 여름엔 창문을 살짝 열어둬라!

아무리 뽀송뽀송하게 잘 지어진 집이라도 한여름에 밀폐된 상태로 놔두면 여기저기서 곰팡이가 생겨 집이 엉망이 된다. 곰팡이의 천적은 환기와 온기다. 여름철엔 실내의 모든 문을 열어두고 창문을 살짝살짝 열어두어야 한다. 창문을 너무 많이 열어두면 비바람이 들이쳐 실내에 물이 고일 수 있기 때문이다. 외부인의 침입 우려가 없고 빗물이 들어와도 바로 배수되는 베란다 쪽 창문은 아예 통째로 열어놓는 것이 좋다. 집 안에 남겨진 장롱이나 서랍장도 한여름엔 모두 열어놔야 한다. 가능하면 한 달에 1~2번은 집에 들러 보일러로 난방하길 권한다. 이 정도만 하면 곰팡이를 예방하고 집을 뽀송뽀송하게 유지할 수 있다.

넷째, 중개업소나 전문관리업체를 활용하라!

집이 너무 멀리 떨어져 있어 직접 관리가 어려운 경우에는 중개업소나 부동산 전문 관리업체를 이용하면 된다. 중개업소의 경우 대부분 전속중개를 의뢰하면 수시로 왔다 갔다 하면서 집을 잘 관리해준다. 반면 좀 더 전문적이고 체계적인 관리가 필요한 부동산인 경우에는 아예 일정액의 비용을 지불하고 전문 관리업체에 맡기면 된다.

다섯째, CCTV나 무인경비시스템을 활용하라!

보안이 요구되는 단독주택이나 전원주택, 별장의 경우 CCTV 또는 무인경비시스템을 설치하면 된다. CCTV는 저렴한 비용으로 녹화·저장이 가능하고 컴퓨터나 핸드폰을 통해 수시로 감시할 수 있는 장점이 있다. 무인경비시스템은 CCTV에 비해 비용이 비싸긴 하지만 전문경비업체에서 24시간 감시를 해줘 도둑이나 화재예방에 충분한 대비가 가능하다.

07 사는 것보다 파는 게
더 중요하다

부동산투자의 최종 성패는 매각을 통해 결정된다. 제아무리 싸게 낙찰을 받아도 잘 팔지를 못하면 투자는 성공할 수 없다. 가장 이상적인 투자는 저렴하게 낙찰받아서 보유기간 동안 충분한 임대 수익을 올리다가 적절한 시기에 비싼 금액으로 매각하는 것이다. 이 세 가지가 조화롭게 이루어지면 높은 수익이 가능하다. 반대로 그렇지 못한 경우에는 수익은 줄고 최악의 경우 손해가 날 수도 있다. 매각을 원활히 하고 수익을 극대화할 수 있는 부동산 매매 노하우를 살펴보자.

잘 팔릴 수 있는 조건을 갖춰라

잘생기고 착한 성품을 지닌 사람은 배우자로서 인기가 높다. 부동산도 마찬가지다. 번듯하고 알찬 부동산은 눈독 들이는 사람이 많다. 어떻게 하면 사람들이 눈독 들이는 인기 많은 부동산이 될 수 있을까?

첫째, 위치가 좋아야 한다.

주거용 부동산은 편의시설이 가까운 역세권에 좋은 학군을 갖추고 있으면 충분하다. 반면 상업용 부동산은 배후단지가 넓고 유동인구가 많은 코너 자리의 1층이면 금상첨화다.

둘째, 수익률이 높아야 한다.

임대 수익률이 높아야 한다. 시중 은행의 예금금리보다 3~4배 높은 수익이 보장되면 인기가 높다. 수익률이 높은 것도 중요하지만 임대료가 밀리지 않아야 한다. 임대료가 밀리지 않기 위해서는 영업이 잘되는 업종이 입점해 있어야 한다.

셋째, 외관이 좋아야 한다.

사람의 외모만큼이나 부동산도 외모가 중요하다. 남들이 봤을 때 건물이 반듯하고 깨끗하게 관리되고 있으면 매매시장에서 인기가 높다. 주기적으로 청소하고 페인트칠을 하는 등 꾸준한 관리를 해야 한다.

넷째, 미래가 밝아야 한다.

노후 주택은 재건축이나 재개발이 추진되고 있으면 미래가치가 높다. 인근에 지하철이 개통되거나 대형마트나 공원 등 편의시설의 설치가 예정돼 있어도 만찬가지다. 가까운 미래에 직접적인 수혜가 예상되

248

는 부동산은 매수자들로부터 꾸준한 러브콜을 받게 된다.

매도 타이밍을 잘 잡아야 한다

결혼도 적령기가 있듯이 부동산을 파는 데도 적절한 시기가 있다. 너무 빨리 팔면 단기매매로 양도세를 많이 내야 한다. 장기간 보유하다 뒤늦게 팔면 비용 대비 효율성이 떨어진다. 부동산의 매도 타이밍은 언제로 하는 것이 좋을까? 보유기간만 놓고 보면 주택은 비과세 요건이 갖춰지는 2~3년 후, 상가는 취득일로부터 2년 후 5년 이내가 적당하다. 주택과 상가는 성수기가 서로 다르다. 주택은 일반적으로 봄·가을의 이사철, 상가는 은행의 예금금리가 싼 시기에 주가가 높다. 하지만 무엇보다 중요한 것은 주택이나 상가 모두 적당한 가격이 상승하여 고점을 앞두고 있을 때를 최고 매도 타이밍으로 볼 수 있다.

매도자와 매수자 양쪽을 서로를 만족시켜야 한다

2016년에 있었던 일이다. 지인이 낙찰받은 상가를 공실인 상태로 매각을 하게 되었다. 매수자는 임대를 통해 월세를 받을 목적으로 상가를 매입하기로 결심했다. 매매가는 13억5,000만 원. 잔금 전에 임차인을 맞출 수 있도록 잔금지급 시기를 6개월로 넉넉하게 잡았다.

하지만 불행하게도 갑자기 '최순실 국정농단 사건'이 터지는 등 경기 상황이 급격히 나빠져 약속한 6개월이 다 돼가는데도 임차인을 구하지 못했다. 6개월 동안 임차인을 구하지 못한다 해도 잔금지급을 유보하지는 않기로 했다.

당연히 매도자는 잔금날짜에 맞춰 소유권이전 서류를 모두 준비했다. 그런데 잔금을 하루 앞두고 중개업자로부터 다급한 연락이 왔다. 이유인즉슨 예상과 달리 상가 임차인을 아직 구하지 못했으니 잔금기일을 좀 더 늦춰달라는 것이다.

부동산 매매계약의 경우 계약금과 중도금을 치르고 나서 잔대금을 제때 지불하지 않으면 손해배상금조로 연 20%가량의 지연이자를 추가로 지불해야 한다. 하지만 임차인은 지연이자도 없이 무조건 잔금기일을 몇 달 더 연장해달라는 것이다.

작성된 계약서의 내용을 따져봐도 매도자가 잔금기일을 더 연장해줄 아무런 법적 책임이 없었다. 하지만 매수자는 상가 임차인이 도무지 나타나질 않으니 속이 너무 상한다. 그러니 그런 자기 마음을 헤아려 양해해달라는 것이다. 말은 그렇게 했지만 막무가내였다.

결국 중개업자의 간곡한 사정과 매수자의 억지 아닌 억지로 인해 매도인이 잔대금 지불 시기를 3개월 더 연장해주기로 했다. 가까스로 수습은 했지만, 매도자, 매수자 모두 불편한 심기는 감출 수 없었다.

비슷한 사례가 있다. 올 여름 친구가 아파트를 팔면서 벌어진 일이다. 친구 녀석은 결혼 후 15년 넘게 서울의 아파트에 살다가 3년 전 직장문제로 서울 집을 세놓고 용인에 집을 얻어 이사를 했다. 그러던 어느 날 친구가 다급하게 전화를 했다.

사연을 들어보니 서울 아파트를 팔기로 마음먹고 중개업소를 통해 며칠 전 매매계약을 체결했다는 것이다. 그런데 계약을 하고 보니 자기

집과 비슷한 조건의 집들이 인터넷에 1,000~2,000만 원 더 비싼 가격에 나와 있더란 것이다. 친구는 아파트를 너무 싸게 판 것 같아 해약을 하고 싶었다. 결국 해약을 하지 않고 그대로 이행하기로 했는데, 그 친구를 설득하는 데 몇 십 분이 걸렸다.

부동산을 사고팔 때 매도자와 매수자는 상반되는 입장일 수밖에 없다. 매도자는 최대한 비싸게 팔길 원하고 반대로 매수자는 최대한 싸게 매입하고 싶어 한다. 하지만 서로가 만족하는 적당한 조건이 맞춰지지 않으면 계약 자체가 성립되지 않는다. 또한 계약 이후에 일방이 불리한 상황에 놓이게 되면 계약이행에 차질이 생길 수 있다.

일반적으로 부동산 거래는 집주인이 내놓은 가격에서 1,000~2,000만 원 깎아서 계약이 성사된다. 사는 사람 입장에서는 앞으로 가격이 상승할 것 같은 믿음이 생겨야 계약서에 도장을 찍는다.

'무릎에 사서 어깨에 팔라'는 것처럼 파는 사람과 사는 사람이 서로 적당한 이익과 기대치가 충족돼야 거래가 매끄럽게 성사될 수 있다.

절세방법을 충분히 고려해야 한다

부동산을 팔 때 가장 신경 써야 할 것 중 하나가 바로 '세금'이다. 주택을 제외한 모든 부동산은 원칙적으로 양도차익에 대한 세금을 납부해야 한다. 부동산 세금은 크게 취등록세, 보유세, 양도세 3가지로 나뉜다. 취등록세는 살 때, 보유세는 보유하는 동안, 양도세는 팔 때 납부하는 세금을 말한다. 특별한 경우가 아니고서는 이 중 양도세가 가장 고액에 속한다. 양도세를 줄일 수 있는 방법은 크게 3가지다.

첫째, 필요경비에 대한 영수증은 반드시 챙긴다.

간혹 비용은 지불하였으나, 영수증을 제대로 챙기지 않아 공제 받지 못하는 사람을 보게 된다. 취등록세나 인지세 등 관청에 납부한 세금은 영수증을 분실하여도 추후 재발급이 가능하다. 하지만 개인이나 일반 업체에 지불한 돈에 대해서는 대금 지불 후 영수증을 따로 챙겨놓지 않으면 나중에 양도세신고를 할 때 공제 받지 못할 수도 있다.

예를 들어 대항력 있는 임차인의 임대보증금을 인수하기로 하고 부동산을 낙찰받았다고 하자. 이 경우 부동산 취득금액은 '낙찰금액+인수한 임대보증금'이다. 따라서 이 부동산을 매각하여 양도세를 신고할 경우 반드시 반환한 임대보증금에 대한 임대차계약서와 반환영수증을 첨부해야 필요경비로 인정이 된다.

또 공사비를 지출했을 때도 마찬가지다. 집수리나 리모델링 비용은 적게는 몇 백만 원에서 수천만 원에 이르기도 한다. 하지만 대부분 공사 사업자가 개인이거나 영세업체이다 보니 돈을 지불하고도 영수증(세금계산서)을 제대로 끊어놓지 않는 경우가 많다. 하지만 아무리 비싼 공사를 했다하더라도 세금계산서 없이는 필요경비를 공제 받을 수 없다. 지출한 비용에 대해서는 반드시 세금계산서나 영수증을 챙겨놔야 한다.

둘째, 재산세 부과기준일을 활용한다.

부동산을 보유하는 기간 동안의 소유자는 재산세 납부의무가 있다. 부동산의 재산세 부과기준일은 매년 6월 1일이다. 등기상 이 날짜에 부동산이 자기이름으로 등기가 돼 있다면 보유기간에 상관없이 1년치의 재산세를 전부 납부할 의무가 있다.

예를 들어 A라는 사람이 아파트를 한 채 사기로 하고 2017년 5월 31일에 잔금납부와 함께 소유권이전을 했다고 하자. 이 경우 A 씨는 소유권이전 바로 다음 날인 6월 1일 기준으로 부과되는 재산세 1년치를 전부 부담해야 한다. 반면 이 아파트의 매도인은 2017년 1~5월 말까지 거의 반년을 소유하였으나 2017년도 재산세는 한 푼도 내지 않아도 된다.

Tip. 재산세 부과 및 납부

재산세는 6월 1일을 기준으로 건물분 재산세와 토지분 재산세를 각각 7월 말, 9월 말까지 납부하도록 고지한다. 단독주택의 소유자는 7월 말까지는 건물분 재산세를, 9월 말까지는 토지분 재산세를 납부해야 한다. 아파트와 같은 집합건물은 납부해야 할 1년치 재산세 중 1/2은 7월 말까지, 나머지 1/2은 9월 말까지 납부하도록 고지한다.

세 번째, 기본공제를 활용한다.

양도세를 계산할 때 '기본공제'라는 것이 있다. 기본공제란 부동산을 팔았을 때 1년에 한 번 양도차익에서 250만 원은 무조건 공제를 해주는 것을 말한다. 즉 같은 해에 2개의 부동산을 팔면 그중 한 번은 공제를 받을 수 있다는 뜻이다. 따라서 한꺼번에 여러 개의 부동산을 처분을 할 계획이라면 시기를 조절해서 되도록 1년에 1부동산씩 양도하는 것이 절세에 도움이 된다.

Q&A로 풀어보는 알쏭달쏭한 부동산 상식 ⑦
경매 리스크

Q. 가장 임차인을 사전에 구별할 수 있는 방법은 어떤 것이 있는가?

A. 사안에 따라 방법은 달라질 수 있겠으나 먼저 임차인이 법원에 권리신고를 했는지 확인하면 된다. 진정한 임차인이라면 자기의 전세금을 보호받기 위해 법원에 권리신고를 하게 된다. 권리신고를 할 때 필수 서류 중 하나가 임대차계약서다. 임대차계약서가 없거나 가짜인 경우 권리신고 자체를 꺼리게 된다. 따라서 법원에 권리신고를 하지 않은 임차인은 가짜일 확률이 높다.

두 번째 방법으로는 대출 은행에 문의하는 방법이다. 은행에서 대출을 실행할 때는 반드시 임차인 확인절차를 거치게 된다. 대출 당시 전입자가 무상거주 확인서를 제출했다면 이 사람의 임대차 주장은 받아들여질 수 없다.

세 번째 방법은 중개업소나 관리사무소를 통해 확인하는 방법이다. 정상적인 임차인의 경우 통상 물건지 주변 중개업소를 통해 임대차계약을 맺고 입주를 하게 된다. 중개업소를 통하지 않았거나 관리사무소의 입주자 명부에 임차인으로 등록돼 있지 않다면 진정한 임차인이 아닐 수 있다.

네 번째는 이름을 통해 확인하는 방법이다. 가장 임차인 대부분은 채무자의 친인척을 통해 만들어진다. 채무자와 성과 이름을 비교해서 친족으로 의심이 된다면 가장 임차인의 가능성이 높다.

이상의 방법을 활용하면 가장 임차인은 어느 정도 가려낼 수가 있다. 경매 사

건에서 가장 임차인을 내세우는 이유는 크게 두 가지다. 첫 번째는 법원으로부터 최우선 변제금을 배당 받기 위함이고 두 번째는 낙찰자로부터 이사비를 뜯어내기 위함이다. 이들은 대부분 경매개시 직전에 전입신고 된 경우가 많다. 정말 조심해야 할 상대는 대항력을 갖춘 전입자다. 최선순위 은행근저당보다 먼저 전입신고 된 사람은 대항력 요건을 갖추고 있어서 낙찰자가 전세금 전부를 물어줘야 하는 경우도 있다. 따라서 이런 경우에는 가장 임차인이라는 확실한 물증을 확보하기 전에는 섣불리 입찰에 참가해서는 안 된다.

Q. 주택을 낙찰받았으나 원인 모를 화재로 집이 많이 훼손된 상태다. 이런 경우 어떻게 대처해야 하나?

A. 두 가지 방법이 있다. 훼손 정도에 따라 낙찰자 본인이 선택해야 한다. 훼손 상태가 심각해 도저히 주택으로 사용이 어렵다고 판단된다면 '매각불허가' 신청을 통해 보증금을 돌려받을 수 있다. 하지만 훼손 상태가 경미해서 계속 경매를 이어가길 원한다면 법원에 '대금감액신청'을 할 수 있다. 대금감액신청은 경매부동산에 하자가 발생했을 때 그 비율만큼 낙찰대금을 공제해주는 것을 말한다. 예를 들어 공장을 낙찰받았으나 기존에 있던 기계 일부가 없어졌을 때, 물건의 수량이 줄었을 때 등과 같은 경우는 대금감액신청 대상이 된다. 하지만 대금감액신청이 법원으로부터 받아들여지기 위해서는 감정평가 또는 법원의 현황조사 당시에는 하자가 없었으나 낙찰 이후에 새롭게 하자가 발생했을 경우에만 해당된다.

Q. 경매사이트를 보고 연립주택을 낙찰받았으나 해당 업체에서 표기한 대지면적보다 실제 면적이 더 적었다. 이런 경우 해당업체를 상대로 손해배상을 받을 수 있나?

A. 받을 수 없다. 경매정보업체에서 제공하는 모든 정보는 '참고용'이며 이에 대한 모든 책임은 전적으로 본인이 부담해야 한다. 경매정보업체에서 제공하는 경매정보는 대법원에서 공개하는 경매사건을 기본 바탕으로 한다. 대법원 자료에 경매정보업체에서 직접 발급 받은 등기부등본, 건축물대장 등의 공부자료를 첨가한다. 하지만 이 과정에서 직원의 실수나 프로그램의 오류로 간혹 실제와 다르게 기재되는 경우가 있을 수 있다. 따라서 최종적으로 입찰이 결정된 물건에 대해서는 본인이 직접 관련 서류 원본을 발급받아 꼼꼼히 확인해야 한다.

Q. 불법 증축된 위법건축물을 낙찰 받았다. 구청에서 부과한 이행강제금(행정관청에서 불법 건축물을 적발한 후 철거, 원상회복 등 시정 명령에 따르도록 하기 위해 건축주에게 부담시키는 일종의 과태료)을 낙찰자가 납부해야 하나?

A. 이행강제금의 납부 의무자는 부과 당시의 소유자다. 따라서 이미 부과된 이행강제금은 당시 소유자의 몫이다. 낙찰자가 소유권을 이전 받고 나서 불법부분을 해소한다면 그 이후에는 이행강제금이 부과되지 않는다.

Q. 은행 근저당보다 전입신고 날짜가 늦어서 당연히 후순위 임차인으로 입찰하였으나 알고 보니 '대항력을 갖춘 전차인'이라고 한다. 임차조사를 할 때 전차

인에 대한 조사는 어떻게 해야 하나?

A. 경매에서 가장 위험한 사례 중 하나다. 임차인의 대항력 유무는 전입신고 날짜를 기준으로 판단한다. 그러나 전차인(기존 임차인과 계약한 사람)의 대항력 기준일은 본인의 전입신고 날짜가 아니고 전 임차인의 전입신고 날짜다.

쉬운 설명을 위해 예를 하나 들어보자. 임차인 A 씨는 집주인과 보증금 1억 원의 임대차계약을 맺고 2015년 8월 1일 전입신고를 마쳤다. 얼마 후인 2015년 8월 20일 집주인은 은행에 근저당을 설정하고 돈을 빌렸다. 그런데 임차인 A 씨가 갑자기 사정이 생겨 이사를 하게 되었다. 임차인 A 씨는 집주인에게 동의를 받고 B 씨에게 보증금 1억 원의 전대차 계약을 하고 이사를 나갔다. B 씨는 A 씨가 이주한 즉시 이사를 하고 전입신고를 마쳤다. 그리고 얼마 후 이 집은 경매에 붙여졌다.

이 같은 경우가 낙찰자가 덤터기 쓰는 전형적인 사례다. 전차인의 전입신고는 눈을 씻고 봐도 대항력 없는 후순위다. 하지만 실제 대항력 판단 기준일은 전 임차인(전대인)의 전입신고일이다. 이미 다른 곳으로 이사한 전대인의 전입일자는 흔적조차 없기 때문이다.

전대차 계약은 임차인이 임대인의 지위에서 제3자에게 다시 세를 주는 것을 말한다. 이때 기존 임차인을 '전대인'이라고 하고, 새로운 임차인을 '전차인'이라고 부른다. 집주인의 동의를 받고 체결한 전대차 계약에서 새로운 임차인(전차인)의 권리는 기존 임차인(전대인)의 권리를 그대로 승계 받는다. 물론 두 가지 성립요건이 있다. 첫째, 집주인의 동의를 받을 것. 둘째, 전대인이 전출한 날로부터 2주 이내에 전차인이 전입신고를 마칠 것. 이 두 가지다. 하지만 이

러한 내용은 당사자 본인이 아닌 이상 현실적으로 거의 알기가 힘들다. 따라서 임차인 조사를 할 때 전입신고 날짜뿐만 아니라 법원의 물건명세서나 현황조사서를 꼼꼼히 살펴야 한다. 또 임차인이 법원에 권리신고를 하지 않았다면 낙찰 후 잔금납부 전에 임차인을 직접 만나 임대차계약서가 있는지 등을 직접 확인하여야 한다. 만약 잔금납부 전에 대항력을 갖춘 전차인으로 밝혀진다면 법원에 매각불허가 신청을 하면 구제 받을 수 있다.

Q. 임차인이 대위변제(대신 빚을 갚아주는 것)할 가능성이 있다고 한다면 어떻게 대처를 하면 되나?

A. 임차인이 대위변제를 하는 것은 자신의 전세보증금을 지키기 위한 수단이다. 즉 채무자를 대신해서 은행 빚을 갚고 근저당을 말소시켜 없던 대항력을 만들어내는 것이다. 예를 들어 임차인의 전세 보증금이 1억 원인데 은행보다 후순위로 확정일자도 갖추지 않아 보증금을 한 푼도 못 받을 상황이다. 그런데 임차인의 전입일보다 빠른 근저당금액이 겨우 1천만 원이다. 이런 상황이라면 임차인은 채무자를 대신해 1천만 원을 갚고(대위변제) 근저당을 지워버린다면 대항력이 생겨 낙찰자에게서 전세보증금 1억 원을 돌려받을 수 있다. 결국 1천만 원을 투자해서 9천만 원를 지키는 셈이다.

이처럼 대위변제는 대항력 없는 임차인의 전입일보다 빠른 근저당의 채무액이 적을 때 발생할 수 있는 리스크다. 따라서 입찰하려고 하는 물건의 말소기준권리(근저당이나 가압류 등)금액이 소액이고 임차인의 대위변제 가능성이 있다면 등기부등본을 수시로 확인해야 한다. 입찰 전, 매각허가 결정 전, 잔금

납부 직전에 등기부등본을 꼭 확인하여 근저당 말소 여부를 확인해야 한다. 만약 입찰 전에 근저당이 말소되었다면 입찰을 포기하고, 낙찰 이후에 근저당이 말소되었다면 법원에 매각불허가 신청을 해서 보증금을 돌려받아야 한다.

Q. 낙찰은 받았으나 채무자가 이의신청을 하여 1년 넘게 잔금날짜가 잡히지 않고 있다. 이런 경우 낙찰자가 별도로 취할 수 있는 방법이 있나?

A. 다른 민사 소송사건과 만찬가지로 경매사건도 진행 중에 채무자 등 이해관계인은 이의신청이나 항고를 할 수 있다. 이는 법에 의해 정해진 권리이므로 낙찰자가 이를 막을 방법은 없다. 다만 채무자의 이의신청 내용에 대해 명백한 반박자료를 낙찰자가 확보하고 있다면 이를 법원에 제출하여 기각결정을 좀 더 앞당길 수는 있을 것이다.

Q. 경매로 공장을 사고 싶다. 공장 경매에서 특히 주의해야 할 점은 무엇인가?

A. 공장은 주택이나 상가와 다른 여러 가지 특수성을 가지고 있다. 일단은 취득하려고 하는 목적에 맞아야 한다. 공장은 용도가 어느 정도 정해져 있기 때문에 입찰 전 자신에게 필요한 업종으로 사용이 가능한지를 잘 따져봐야 한다. 특히 국가산업단지나 지방산업단지 내의 공장인 경우 세부적으로 입점 가능한 업종과 조건이 따로 정해져 있기 때문에 이런 요건을 꼼꼼히 살펴봐야 한다.

두 번째는 기계기구에 대해서 잘 살펴봐야 한다. 공장은 주로 고가의 기계기구나 장비가 포함돼 있다. 감정평가서를 통해 표시된 기계나 장비들의 항목을 잘 파악하고 작동가능 여부나 활용가치에 대해서도 잘 챙겨야 한다. 간혹 경

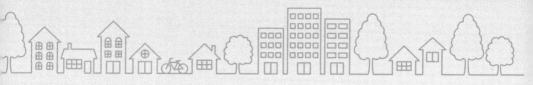

매 도중 누군가 기계장비를 빼돌리거나 파손시키는 경우도 있으므로 이에 대해서도 수시로 체크를 해야 한다.

세 번째는 진입로와 건물의 층고도 중요하게 체크해야 할 사항이다. 공장은 큰 짐이나 물건을 차량으로 운반해야 하는 경우가 많다. 진입로가 좁아 컨테이너 차량의 진출입이 어렵거나 건물의 층고가 낮으면 물건의 하역작업이 어려워 활용가치가 떨어진다.

네 번째로 공급되는 전기나 수도, 폐기물 처리시설에 대해서도 잘 살펴야 한다. 공장의 기계장비들은 가동을 위해 높은 전압의 전기가 필요하다. 공급되는 전기의 종류나 수도 공급시설도 꼭 확인해야 할 항목들이다. 또 업종에 따라서는 폐기물처리시설을 별도로 갖춰야 하는 경우도 있으므로 이에 대한 확인도 필수적이다.

다섯 번째는 쓰레기나 폐기물에 대한 것이다. 경매가 진행 중인 공장의 경우 쓰레기나 폐기물을 무단으로 방치하거나 매립한 사례가 많다. 공장의 폐기물은 물량도 많은 뿐 아니라 처리비용도 고가인 경우가 많다. 때문에 입찰 전 현장 방문을 통해 이에 대한 파악도 반드시 해야 한다.

투자목적으로 공장을 생각한다면 특수한 공장보다는 다양한 형태로 이용이 가능하고 입지가 좋은 20~30억 원대 이하의 물건을 고르는 것이 좋다.

Q. 낙찰을 받고 잔금납부를 준비 중이었는데, 갑자기 차질이 생겨 잔금납부기한까지 잔금을 납부할 수 없는 상황이 되었다. 어떻게 대처하면 되나?

A. 민사집행법상 낙찰자가 잔금을 납부할 수 있는 기간은 최대 재경매 3일 전까

지다. 통상 법원에서는 매각확정 후 30일 정도 여유를 두고 잔금납부기한을 정해 매수인에게 통지를 한다. 잔금납부기한은 말 그대로 언제까지 잔금을 납부하란 의미다. 따라서 최고가 매수인은 잔금납부 통지를 받고 나서는 잔금납부기한 이전에 언제든지 잔금을 낼 수 있고, 잔금 납부일이 소유권 취득일이 된다. 경매 취하나 대위변제 가능성이 있는 물건은 되도록 빨리 잔금을 납부해서 그 기회를 차단해야 한다. 또 하루라도 빨리 명도를 끝내고 싶다면 잔금을 미리 납부하여 소유권이전을 완료해야 한다.

그러나 잔금납부기한 이내에 잔금을 못 낼 경우에는 얘기가 좀 복잡해진다. 잔금납부기한까지 최고가 매수인이 잔금을 납부하지 않으면 법원은 곧바로 재매각 절차에 돌입한다. 그러나 재매각 절차가 진행되더라도 최고가 매수인은 재매각 기일 3일 전까지는 지연이자(연 15% 적용)를 포함해 잔금을 모두 납부하면 소유권 취득이 가능하다. 민사집행법에서는 재매각 3일 전까지로 돼 있으나 실무적으론 매각당일 입찰 직전까지 잔금을 받아주기도 한다.

주의할 것은 차순위 매수신청자가 있는 경우다. 차순위 매수신청자가 있는 경매사건에 대해서는 최고가 매수인이 대금납부기한까지 잔금을 납부하지 않으면 곧바로 차순위 매수신청자에게 잔금납부기회를 부여한다. 그리고 차순위 매수신청자가 잔금을 납부하면 최고가 매수인의 보증금은 몰수되어 법원에 귀속된다.

Q. 임차인이 전화도 받지 않고 의도적으로 명도를 지연시키고 있다. 어떻게 대처하면 좋겠는가?

A. 경매에서 자주 있는 일이다. 임차인이 명도를 지연하는 이유는 이사를 위한 준비가 덜됐거나 이주비를 더 많이 받아내기 위한이다. 상대방이 대화에 적극적으로 응하지 않으면 시간만 지연되고 명도 비용 또한 늘 수밖에 없다. 명도는 입찰단계부터 계획하고 준비해야 한다. 대부분의 낙찰자들은 잔금납부를 하고 난 이후에야 임차인과 접촉을 시도한다. 물론 명도를 위해 법적인 절차를 밟을 수 있는 시점은 잔금납부 이후다. 하지만 잔금납부를 하고 나서야 명도협의를 시작하면 시간이 촉박해 임차인과 낙찰자 둘 다 부담일 수밖에 없다.

매수인이 낙찰 이후 잔금을 납부하는 기간은 대략 30~45일 정도다. 따라서 낙찰을 받고 나면 곧바로 임차인을 만나서 협의하는 것이 좋다. 잔금납부를 하기 전에 미리 상대방 상황을 확인하고 잔금납부 일정과 서로의 이주날짜를 조율해야 한다. 하지만 이때는 명도일정을 확정하기보다는 처음 마주하는 임차인과 인사를 나누는 정도가 좋다. 가뜩이나 예민한 임차인에게 첫 대면부터 다짜고짜 집을 비우라는 주문을 하면 오히려 반감을 살 수 있기 때문이다.

첫 만남에서는 "내가 낙찰받은 사람입니다", "갑자기 경매 당한 것을 안타깝게 생각합니다", "잔대금은 대략 언제쯤 납부할 계획입니다", "이사 준비를 하는 데 대해 약간의 금전적인 지원을 할 용의는 있습니다", "임차인께서도 어려운 줄 알지만 되도록 저희 입장을 고려해 협조 부탁드립니다" 등의 이야기를 하고 연락처를 주고받으면 된다.

임차인과 첫 인사를 나누고 나면 잔금납부 전까지는 여유롭게 기다리면 된다. 다행히 임차인 측에서 먼저 연락이 오면 적당한 선에서 합의하면 된다. 하지만 별다른 진전이 없으면 잔금납부 이후 좀 더 적극적인 공세가 필요하다. 잔

금납부와 동시에 내용증명을 발송하고 법원에 인도명령을 신청해야 한다. 이는 임차인과 대화 협상이 깨졌을 때를 대비하기 위한 것으로 시간과 비용을 줄이는 효과도 있다.

임차인이 낙찰자의 연락을 일부러 피한다면 문자메시지나 내용증명을 활용할 수 있다. 문자메시지는 전화통화를 할 때보다 좀 더 차분하게 받아들일 수 있어 의외로 좋은 효과를 나타내기도 한다. 그래도 임차인이 요지부동이면 그때는 법원의 힘을 빌리는 수밖에 없다.

임차인에게 인도명령결정문이 전달되고 나면 법원을 통해 강력한 압박을 가할 수 있다. 그 첫 단계가 바로 계고(0월 0일까지 집을 비우라는 최후통첩)집행이다. 계고장은 법원 집행관이 임차인의 집을 직접 방문해 통지문을 전달하는 것으로 상당한 압박이 된다. 계고장에 표시된 날짜까지 자진해서 명도를 이행하지 않으면 낙찰자는 곧바로 강제집행을 신청할 수 있다. 임차인 입장에서는 계고장이 발부된 이후에는 현실적으로 더 이상 시간 끌기가 힘들기 때문에 좋든 싫든 낙찰자의 제안에 응할 수밖에 없게 된다.